U0111367

大展好書 好書大展

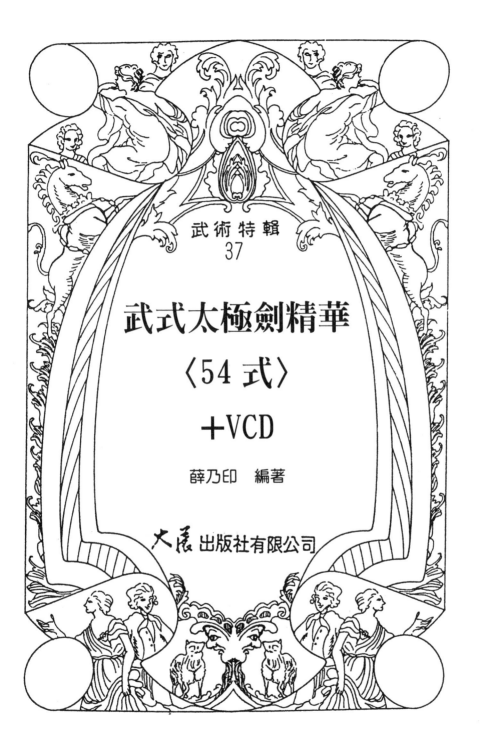

武術特輯
37

武式太極劍精華

〈54 式〉

＋VCD

薛乃印　編著

大展出版社有限公司

武式太極劍的風格及特點

　　劍被稱為「短兵之帥」「百刃之君」。據歷史文獻所載，早在春秋戰國時期，劍即是英雄豪傑必備之器，同時也被文人雅士所推崇。

　　這套武式太極劍，是在原 25 動作的武式強身劍的基礎上所創編的。25 式強身劍本是在武式太極拳門人中秘密傳習的一套劍法。當時我在中國大陸，我的師父只傳給了我一個人。

　　那是 1993 年的除夕夜，我從東北撫順市到河北省的邯鄲市師父家過春節，除夕夜吃過晚飯。師父對我說：「今天我要傳給你我們武式門人中秘傳的一套劍法，叫武式強身劍」。我高興的立即跪地給師父叩一個頭。

　　師父開始教我第一式，就這樣，師父每教我一式我就給師父叩一個頭，三天晚上我把這套劍法學下來，正好叩了 25 個頭。師父非常高興，破例端起酒杯，喝著我拿的矛台酒，又傳授我劍法、劍訣，囑咐我要為武式太極拳發揚光大。

　　我於 1996 年 1 月移民到紐西蘭，在教授太極拳的同時，我就認真的練習這套劍術，不知不覺又悟出了很多的招式。又結合武式太極拳的身法，參與太極陰陽的理論，逐步創編出這一套路。可以說是武式太極拳強身劍的再開發，此套路共有劈、撩、點、刺、雲、抹、截、掛、抱、

絞、推、托、掃十三種劍法所組成，共分為 54 個動作，四段，二十四節。

這套劍術是要在武式太極拳有了一定的基礎上，才能練習的，善劍者必須精通拳法，在精通拳術的基礎上，才能練出武式太極劍的味道來，先易後難，由簡到繁，逐步的掌握劍法，才能在套路中演練出龍飛鳳舞、吞吐自如、瀟灑奔放、變化莫測。在應用時才能逢堅避刃、以實擊虛、傷敵筋脈。在武林中獨樹一幟。

這套武式太極劍 54 式以式正招圓的風格流傳於世，劈撩點刺、雲抹截掛、抱、絞推托掃十三劍法即是套路中的基本內容，又是劍術格鬥中的實用招式，具有很強的殺傷力。

在演練過程中以欲下先上，欲上先下；欲左先右，欲右先左；欲前先後，欲後先前的戰術，防中有攻，攻中有守，後發先至，揚長避短，動則變，變則著。充分體現出快與慢，攻與守，虛與實，順與逆，剛與柔的風格來。演練起來行如游龍，恰似飛鳳，氣貫長虹如行雲流水，濤濤不絕。

這套武式太極劍腰、腕的運用也是一大特點。演練時，要以腰為軸心，刻刻留意在腰間，活似車輪。腰似蛇行，步似鉛，劍法全憑腰中發，同時再配合好腕部的運轉，使劍在手上得以上下翻飛，左右纏絲、運用自如。

劍術中的挽花、立花、平花、逆花、前花、旁花，都要以腰帶動，以腕運花，讓劍剛劍則剛，讓劍柔劍則柔，從而產生輕重，剛柔、吞吐、沉浮、進退等劍術。在技擊上禦敵之械，順式反擊，以靈活的步法進退閃轉，靈活翻轉的身法，快速流暢的腕法，使劍在你手中變化，出神入

化，得心應手，出劍見紅。專取敵人要害之處。

　　這套武式太極劍，身劍合一，形神兼備也是它一大特點。在整個套路中沾黏連隨，上下相合，身劍一體，劍到步到，周身一家腳手相隨。

　　對敵交鋒時，以身運劍，乾淨俐落，以巧破千斤，不接不架，以靈活運用的劍法。千變萬化的技術來取勝於敵，同時還要做到身與劍合，劍與氣合，氣與神合，意到劍到，神到勁到。氣是貫穿整個劍術中旺盛的能量。劍與神是戰勝敵人的保證。

武式太極拳第一代～第六代直系傳人照片

創始人　武禹襄

第２代　李亦畬

第３代　李遜之

第４代　李錦藩

第５代　喬松茂

第６代　薛乃印

目 錄

武式太極劍的風格及特點 ……………………………… 3

武式太極拳第一代～第六代直系傳人照片 …………… 6

壹、 怎樣練好武式太極劍 ……………………………… 13

　一、姿勢正確 ………………………………………… 13

　二、連貫協調 ………………………………………… 14

　三、身法靈活 ………………………………………… 14

　四、剛柔相濟 ………………………………………… 15

　　五、呼吸自然 ……………………………………… 15

貳、 關於圖解的一些說明 ……………………………… 23

參、武式太極劍劍譜 …………………………………… 25

肆、武式太極劍 ………………………………………… 29

　第一段

　　第一節 ……………………………………………… 29

　　　1.起式 …………………………………………… 29

　　　2.仙人指路 ……………………………………… 30

　　第二節 ……………………………………………… 33

　　　3.登門拜友 ……………………………………… 33

　　　4.虎抱頭 ………………………………………… 35

　　　5.燕子入巢 ……………………………………… 36

　　第三節 ……………………………………………… 38

　　　6.打草驚蛇 ……………………………………… 38

　　　7.指東擊西 ……………………………………… 40

　　第四節 ……………………………………………… 41

8. 風捲荷花 …………………………………… 41

9. 臥龍式 ……………………………………… 44

第五節 ……………………………………………… 46

10. 丹鳳朝陽 …………………………………… 46

11. 金雞點頭 …………………………………… 47

12. 挑簾式 ……………………………………… 49

第二段 ……………………………………………… 51

第六節 ……………………………………………… 51

13. 烏龍擺尾 …………………………………… 51

14. 專諸刺仍 …………………………………… 53

第七節 ……………………………………………… 54

15. 野馬分鬃 …………………………………… 54

16. 撩袍端帶 …………………………………… 58

17. 雄鷹撲兔 …………………………………… 58

18. 三盤落地 …………………………………… 59

第八節～第九節 ………………………………… 60

19. 隴西四式 …………………………………… 60

第十節 ……………………………………………… 67

20. 獅子搖頭 …………………………………… 67

21. 燕子抄水 …………………………………… 69

22. 黃蜂入洞 …………………………………… 71

第三段

第十一節 …………………………………………… 72

23. 劈華山 ……………………………………… 72

24. 懷中抱笏 …………………………………… 73

第十二節 …………………………………………… 74

25. 黃龍絞水 …………………………………… 74

26. 宿鳥投林 ································· 76

第十三節 ································· 77

27. 陳倉飛渡 ································· 77

28. 驚濤駭浪 ································· 79

第十四節 ································· 81

29. 平旦鳴鐘 ································· 81

30. 青龍出水 ································· 82

31. 兩劈華山 ································· 83

第十五節 ································· 86

32. 撥草尋蛇 ································· 86

33. 懸崖勒馬 ································· 87

34. 流星趕月 ································· 88

35. 小魁星 ································· 89

第四段

第十六節 ································· 90

36. 刺破青天 ································· 90

37. 懶龍臥道 ································· 91

第十七節 ································· 94

38. 青龍出水 ································· 94

39. 釣魚式 ································· 96

第十八節 ································· 98

40. 七星步 ································· 98

41. 蜻蜓點水 ································· 103

第十九節 ································· 104

42. 獅子回頭 ································· 104

43. 怪蟒翻身 ································· 105

44. 烏龍盤柱 ································· 107

第二十節 ……………………………………… 109
　　45. 朝天一柱香 …………………………… 109
　　46. 白鵝亮翅 ……………………………… 109
第二十一節 …………………………………… 111
　　47. 上步七星 ……………………………… 111
　　48. 退步跨虎 ……………………………… 112
第二十二節 …………………………………… 114
　　49. 迎風彈塵 ……………………………… 114
　　50. 彎弓射虎 ……………………………… 116
第二十三節 …………………………………… 116
　　51. 鳳凰展翅 ……………………………… 116
　　52. 指南針 ………………………………… 118
第二十四節 …………………………………… 119
　　53. 仙人點路 ……………………………… 119
　　54. 收式 …………………………………… 122

後記 …………………………………………… 124
薛乃印宗師簡介 ……………………………… 125
小檔案 ………………………………………… 127

台灣演講會

與美國學員們合影

武式太極拳雄姿

壹、怎樣練好武式太極劍

武式太極劍是在練好武式太極拳的基礎上，吸取了古代劍術的技藝精華，參與兵家奇正虛實之道，結合太極拳理論創編而成的，是屬短兵器之一，也是武式太極拳門派中一項重要的器械。是中華民族優良文化遺產的重要組成部分。它具有健身、養生，技擊等多方面的作用。那麼怎樣練好武式太極劍呢？

首先要有明師精心傳授，一個階段一個階段的指點，加之本人的刻苦訓練、細心的揣摩，才能掌握這套劍法，下面把這套劍分四個方面簡述如下：

一、姿勢準確

武式太極劍和拳架一樣，首先要從姿勢的準確性入手，姿勢的正確是練好武式太極劍的基礎，也是關鍵的一步。對每一個動作的準確程度都很重要的，持劍的方法對不對，劍行走的路線有何誤差，定式的姿勢準確不準確，該到位的到不到位都要反覆的檢查。

在定式時尾閭要中正，不可前俯後仰，左右歪斜。運劍時不可低頭貓腰，東張西望。整個套路方向以東、南、西、北、東南、東北、西南、西北八個方向出步以運劍。每個動作可分解開來校正姿勢的準確性，也可反覆練習某一個動作，也可把劈撩點刺，雲抹截掛、抱絞推托掃十三種劍法分開來，一個劍法，一個劍法的反覆練習。把劍架凝固好，為

以後劍術的開發打下良好的基礎。

學劍容易改劍難，決不可貪多求快，造成錯誤的姿勢。錯誤的動作不但對將來技術的提升有影響，而且對身體健康也無益處。因此，姿勢的正確與否是練好武式太極劍的基礎。

二、連貫協調

在姿勢準確各種劍法掌握之後，就要在連貫協調上下功夫，前一個動作的完成就是下一個動作的開始，動作與動作之間的銜接對提高技藝是至關重要的，銜接的不好，動作就不協調，特別是身械的協調，身到劍到，劍走身隨，劍身成一整體。還要注意手腳的相隨。勁起於足跟，發於腿，主宰於腰，行於劍尖。由腳而腿腰，到脊背肩肘手劍，總須完整一氣，連貫協調。手到腳不到，等於瞎胡鬧，手腳齊到走出一個整勁來，劍才能發揮出更大的威力來，因此，要身劍合一，上下相隨。

平時運劍如使筷夾豆，準確無誤。步到身到，身到劍到。彼不動，我不動，彼微動，我速動，動則變，變則著。連貫協調是提高劍藝的重要一步。

三、身法靈活

在動作連貫協調以後，就需要在身法靈活上下功夫。這裡講的身法靈活是以腰為主，腰是主，也是身體的軸心。其次是胯的靈活、肩的靈活、膝的靈活、肘的靈活，以及步法的靈活和腕部的靈活，是缺一不可的，就是說身法不好，練劍就不像樣子，也根本成不了好的劍術家。因此，平時多練習腰胯的轉動圓活之勁。

　　以緩慢的轉腰運動帶動上肢的肩肘腕，以及轉肩，活腕。手臂的屈伸要突出螺旋纏絲的勁路。立如稱準，活似車輪，也可單獨習練扣步、擺步、擠步和轉腰的練特別腕關節的上下左右翻轉。再結合劍法的運動旋律，反覆的習練才能練出行如游龍，劍似飛鳳的上乘劍法來，所以說，身法靈活是練好劍藝的重要一環。

四、剛柔相濟

　　在身法靈活達到一定程度之後，就要在剛柔相濟上下功夫。剛與柔是對立統一的，又是相輔相成的。剛柔相濟也是內在的合一。柔不剛為軟劍，就好似劍舞一樣，沒有一點殺傷力。只剛不柔為硬劍，硬劍則運轉遲頓、易折。剛柔相濟為妙劍。因此在演練套路中，該柔則柔，該剛則剛，剛中寓柔，柔中寓剛，外剛內柔，外柔內剛。在一剎那間，全身之勁集中在一點上發放出去。

　　運劍時為柔，發力時為剛，但運劍外柔而內剛，精神、勁力藏而不露。極柔軟，然後極堅剛。這樣剛柔相濟，虛實清楚演練起來才有味道，因此，說剛柔相濟是武式太極劍之奧妙所在。

五、呼吸自然

　　在上面幾個方面都掌握之後，就要注意呼吸上的調整。武式太極劍是逆式自然呼吸法。在劍法、劍術、身械協調以後要有意識的引導呼吸，以意導動，以氣運身。吸為蓄為合，呼為開為發，配合好劍式的每一動作。

　　但決不可刻意的去追求它，欲速則不達，刻意追求反會誤入岐途，要在劍法達到一定程度時，氣也就隨之而來，再

結合呼吸法去加以引導，很快就能達到氣劍合一的地步。

武式太極劍部位名稱

1. 劍首：劍的頂端部位。
2. 劍柄：劍首到護手中間手握部位。
3. 劍格：劍身與劍柄之間的連接部位。
4. 劍身：劍尖到護手之間的全長。
5. 劍脊：劍身中間隆起的直線。
6. 劍刃：劍身兩側鋒利部位。
7. 劍尖：劍的最前端尖銳部位。
8. 劍鍔：劍脊與劍刃相夾部位。
9. 劍穗：劍把上繫的絲製穗子。
10. 劍鞘：裝劍的外殼。

劍的長度

反手持劍以直臂姿勢為準，劍尖與本人耳垂平齊。（圖1）

武式太極劍劍指與持劍法

1. 劍指

一手持劍，另一手配合的手食指與中指伸直併攏，其餘三指屈於手心，拇指壓在無名指和小指的第一指節上。（圖2）

2. 持劍法

在整個武式太極劍演練過程中，持劍的方法是非常重要的。持劍的方法，決定劍刃在空間是立刃、平刃、還是斜刃。根據不同的持劍方法變換出劈撩點刺，雲抹截掛，抱絞

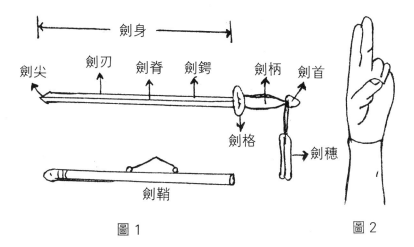

圖1　　　　　　　　　圖2

推托掃等劍法來。達到劍隨身行，身劍合一的功夫。持劍方法大致可分為以下六種。

（一）左手持劍法：

在預備式和收式時，用左手虎口部位對準劍的劍格處，手掌貼於劍格，食指和中指貼伸於劍柄上。拇指曲握於劍柄內側，無名指和小指曲握於劍柄外側。使劍身平貼於左前臂後側。（圖3）

（二）右手螺把持劍法

虎口斜對劍格，食指第二指節靠近劍格，順向食指、中指、無名指和小指依次併攏向下斜握劍柄，拇指彎曲壓在食指第三指節上，形如螺殼。腕關節向下微屈。（圖4）

螺式持法，多用於刺劍、點劍、劈劍。

（三）右手壓把持劍法

虎口正對劍格，貼附於劍格上，拇指和食指掐握住劍柄。中指、無名指和小指貼附於劍柄後方，使劍尖向上有力，形成以劍格為支點的槓桿意思。（圖5）

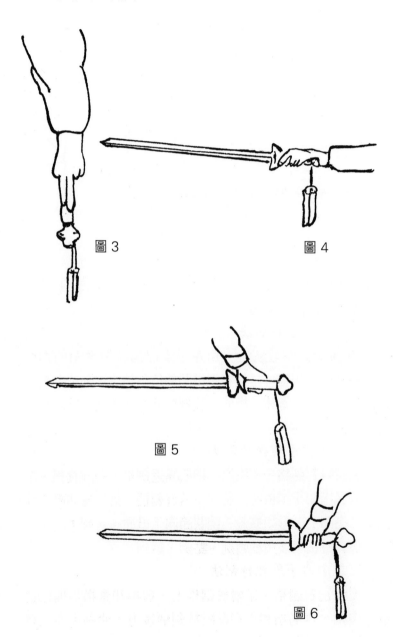

圖 3

圖 4

圖 5

圖 6

壓把持劍法，多用於掛劍、截劍、絞劍。

（四）右手滿把持劍法

虎口正對劍格靠緊，食指、中指、無名指和小指併齊握緊，拇指彎曲，壓在食指第二指節上握緊。腕關節正直。（圖6）

滿把持劍法，多用於托劍、抱劍。

（五）右手刁把持劍法

虎口斜對劍格，以拇指和食指的根部的挾持力招緊劍柄，拇指、食指和中指伸直，虛附於劍柄上。無名指和小指自然伸直。（圖7）

刁把持劍法，多用於撩劍、雲劍、推劍。

（六）右手鉗把持劍法

虎口斜對劍格，以拇指和食指鉗住劍柄，其餘三指自然附貼於劍柄上。（圖8）

鉗把持劍法，多用於抹劍、掃劍。

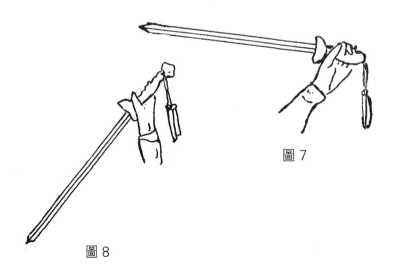

圖7

圖8

武式太極劍十三劍法

1. 劈　劍

立劍，沿身體一側繞一立圓，自上向下直為劈。力達劍身，劍臂成一直線。是主要進攻性劍法。

武式太極劍套路中，第 23 式劈華山，第 34 式流星趕月為劈劍。

2. 撩　劍

立劍，沿身體一側由下向前上方貼身向上畫弧為撩。力達劍身中前部，手心朝上。右撩劍前臂內旋，左撩劍前臂外旋。是主要進攻性劍法。

武式太極劍套路中，第 28 式驚濤駭浪為撩劍。

3. 點　劍

立劍，劍尖斜朝上，自上而下，使劍尖向下方吻擊為點。提腕、力達劍尖，臂自然伸直。是主要進攻性劍法。

在武式太極劍套路中，第 11 式金雞點頭，第 41 式蜻蜓點水為點劍。

4. 刺　劍

平劍成立劍，向前或向上向下直出為刺。力達劍尖。臂劍成一直線。前刺劍尖高與胸齊，上刺劍尖高與頭齊，下刺劍尖高與膝平，低刺劍尖與踝齊。手心向左，反刺手心朝外。是進攻性劍法。

在武式太極劍套路中，第 6 式打草驚蛇，第 26 式宿鳥投林、第 36 式刺破青天為上刺。第 7 式指東擊西、第 17 式雄鷹撲兔為下刺。第 19 式隴西四式、第 27 式陳倉飛渡、第 38 式青龍出水、第 43 式怪蟒翻身，第 47 式上步七星，第 52 式指南針為平刺。第 14 式專諸刺仍、第 50 式彎弓射虎為

反刺。第45式朝天一柱香為穿刺。

5. 雲　劍

平劍，仰頭使劍在臉前或頭頂上從左往右繞環一週為雲。以腕為軸，力達劍身前部。是防中帶攻性劍法。

在武式太極劍套路中，第8式風捲荷花為雲劍。

6. 抹　劍

平劍，由前向左或向右弧形抽帶為抹。左抹劍手心朝上，右抹劍手心朝下，力達劍身。是防中帶攻性劍法。

在武式太極劍套路中，第15式野馬分鬃為抹劍。

7. 截　劍

立劍或平劍，截劍分上截劍、下截劍。前臂內旋，使劍身斜向下推伸為下截劍，前臂外旋，使劍身斜向上推伸為上截劍。力達劍身中上部。是防中帶攻性劍法。

在武式太極劍套路中，第9式臥龍式，第44式烏龍盤柱為下截劍。第10式丹鳳朝陽，第42式獅子回頭為上截劍。

8. 掛　劍

立劍，劍尖自前而下向左側或右側貼身向後成弧形繞一立圓為掛。劍在身體左側為左掛劍，劍在身體右側為右掛劍。力達劍身前部。是防中帶攻性劍法。

武式太極劍套路中，第13式烏龍擺尾為掛劍。

9. 抱　劍

平劍或立劍，劍柄置於胸前或腹前，劍尖朝上或朝前為抱。左手劍指指尖貼於右手腕上。力在劍柄。是防守性劍法。

武式太極劍套路中，第4式虎豹頭，第16式撩袍端帶，第18式三盤落地，第24式懷中抱笏為抱劍。

10. 絞　劍

平劍，次腕部為軸，手心朝上，從右往下由下往左向上畫一立圓，使劍尖順時針繞環為絞，力達劍身前部。武式太極劍套路中，第 40 式七星步，是進攻性劍法。

11. 推　劍

立劍手心朝外，劍尖朝下，由體前左側向右推出為推劍，力達劍身後部或劍柄。是進攻性劍法。

武式太極劍套路中，第 33 式懸崖勒馬為推劍。

12. 托　劍

立劍，劍身平置，使劍身由下向上為托。力達劍身，手心朝外。是防守性劍法。

武式太極劍套路中，第 12 式挑簾式，第 35 式小魁星為托劍。

13. 掃　劍

平劍，由右向左或由左向右平出為掃。高在胸腹之間，力達劍身中前部。分平掃或下掃，是進攻性劍法。

武式太極劍中，第 6 式打草驚蛇，第 32 式撥草尋蛇為掃劍。

註：有的一式有幾種劍法，這裡只舉例在每式中主要的一種劍法。

貳、關於圖解的一些説明

1. 圖解文字中所指的東、南、西、北及東南、東北、西北、西南是地圖方位而定。面對讀者為南，後為北，左為東，右為西。在實際練習時，不受方向所限制。

2. 手臂內旋與外旋，以拇指為準，拇指向內轉動為內旋，拇指向外轉動為外旋。

3. 圖為平面的，走架是立體的，圖像不明白之處，以文字為準。

4. 為了使學習者儘快掌握技法，每一式除文字外，另有每個動作的要求和用法供參考。

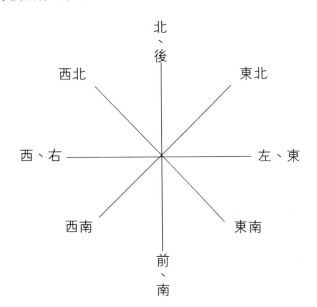

參、武式太極劍劍譜

第一段：

第一節
　1. 起式　　　2. 仙人指路
第二節
　3. 登門拜友　4. 虎豹頭　　5. 燕子入巢
第三節
　6. 打草驚蛇　7. 指東擊西
第四節
　8. 風捲荷花　9. 臥龍式
第五節
　10. 丹鳳朝陽　11. 金雞點頭　12. 挑簾式

第二段

第六節
　13. 烏龍擺尾　14. 專諸刺仍
第七節
　15. 野馬分鬃　16. 撩袍端帶
　17. 雄鷹撲兔　18. 三盤落地
第八節～第九節
　19. 隴西四式
第　十　節

20. 獅子搖頭　　21. 燕子抄水　　22. 黃蜂入洞

第三段

第十一節

23. 劈華山　　24. 懷中抱笏

第十二節

25. 黃龍絞水　　26. 宿鳥投林

第十三節

27. 陳倉飛渡　　28. 驚濤駭浪

第十四節

29. 平旦鳴鐘　　30. 青龍出水　　31. 兩劈華山

第十五節

32. 撥草尋蛇　　33. 懸崖勒馬

34. 流星趕月　　35. 小魁星

第四段

第十六節

36. 刺破青天　　37. 懶龍臥道

第十七節

38. 青龍出水　　39. 釣魚式

第十八節

40. 七星步　　41. 蜻蜓點水

第十九節

42. 獅子回頭　　43. 怪蟒翻身　　44. 烏龍盤柱

第二十節

45. 朝天一柱香　　46. 白鵝亮翅

第二十一節

47.上步七星　　48.退步跨虎

第二十二節

49.迎風彈塵　　50.彎弓射虎

第二十三節

51.鳳凰展翅　　52.指南針

第二十四節

53.仙人點路　　54.收式

肆、武式太極劍

第一段

第一節　1.起式　2.仙人指路

第一式　起式

① 兩腳並步站立，腳尖朝前。兩腿伸直，面朝正南方。左手持劍，反握劍柄。劍身貼於左小臂後側豎直，劍尖朝上。右手握成劍指，掌心朝後，劍指朝下。兩臂自然下垂，肘微屈，眼平視前方。（圖1）

② 重心下落，兩腿屈膝。重心右移，左腳提起向左開步。兩腳內側距離與肩同寬。重心在兩腿中間。兩腿伸直，重心上移。兩手臂隨身體而動，眼平視前方。（圖2）

圖 1

圖 2

③ 兩手臂慢慢向前平舉，掌心朝下，高與肩齊。（圖3）

④ 兩肘下沉帶動兩手臂下落，坐腕。置於兩胯前方偏外，掌心朝下。右手劍指朝前。左手持劍使劍身平行於左手後側，劍尖略高於左手。劍首朝前。同時，重心下落，兩腿屈膝。眼平視前方。（圖4）

圖3　　　　　　　圖4

〔要求〕：

1. 全身放鬆，兩肩下沉，頭頸自然豎直，氣沉丹田，自然呼吸，暢胸拔背，排除雜念，提起全副精神。

2. 動作②左腳向左開步時，腳底向平行於地面抬腳和落腳。

3. 動作④，兩臂下落時，要先沉肘，以肘帶動手臂下落，兩手腕隨兩手下落慢慢坐腕。與兩腿屈膝要同時完成。

第二式　仙人指路

① 身體微右轉，右手成劍指下落，從右前方掌心朝下

向上舉起，舉置與頭同高，掌心朝前偏右，劍指朝上偏前。肘微屈。左手持劍反握微下移，劍首微下落。劍尖在左手後側上移，與左肘同高。眼平視右手方向。（圖5）

②以腰為軸，身體左轉。右手臂外旋隨轉體左移，掌心朝左，劍指朝上。同時，左手持劍，劍首下落，劍尖上移，使劍身伸立於左小臂後側，掌心朝後。眼隨右手方向平視。（圖6）

圖 5

圖 6

③以腰為軸，身體右轉，右手成劍指內旋下落經體前外旋向右舉起，掌心朝前，劍指朝右，肘微屈。右手持劍反握從左外旋上舉，經臉前內旋下落，置於身體胸部前方。掌心朝下，劍首朝左，劍尖朝右，劍身平行於左小臂下方。劍首微高，劍尖微低。屈肘。同時，重心移至右腿，左腳提起收於右腳內側，腳尖點地。兩腿屈膝，右腿90%，左腿10%，重心偏於右腿。眼平視右手方向。（圖7）

④重心移至右腿，左腳提起向正東方向邁步，腳跟著地，腳尖微上翹。右腿屈膝，左腿伸直。右腿90%，左腿

10％。重心偏於右腿。同時，身體微左轉。右手成劍指微上移收至右耳外側。掌心斜朝下偏前，劍指斜朝上偏前，劍指置於右耳上方，屈肘。左手持劍反握由胸前內旋下落，置於身體左側，掌心朝後，劍首朝下偏右，劍尖朝上偏左，劍身斜立於左臂後側。肘微屈。眼平視左前方。（圖8）

圖 7

圖 8

⑤身體左轉，重心左移。左腳落平踏實。左腿屈膝，右腿伸直，左腿80％，右腿20％，重心偏於左腿，成左弓步。同時，右手成劍指從右耳側內旋向前坐腕推出。掌心朝前，劍指朝上偏前。肘微屈。左手持劍反握，由左腿前方隨重心左移轉體向左畫一小弧，置於身體左側，掌心朝後，劍首朝

圖 9

下，劍尖朝上，劍身垂直於左臂後側。肘微屈。眼平視前方。（圖9）

〔要求〕：

1. 轉體時用腰帶動兩臂。

2. 左弓步小腿垂直於地面。立身保持中正。

3. 整個動作要連貫，協調一致。

〔用法〕：

假設敵人用腳踢我左側，我以轉身撥開敵腳，進步以右手劍指擊敵咽喉或雙眼。

第二節　3.登門拜友　4.虎抱頭　5.燕子入巢

第三式　登門拜友

① 重心右移，身體右轉。然後重心移至左腿，右腳提起跟至左腳內側，腳前掌著地，腳跟離地。兩腿屈膝，左腿 90%，右腿 10%。重心偏於左腿。同時，右手成劍指，隨轉體向上向右，再向下向左外旋收於胸前，掌心朝內，劍指朝左。左手持劍反握，左肘微外展。掌心仍朝後，劍首朝下，劍尖朝上，劍身斜立於左小臂後側。肘微屈，眼平視前方。

圖 10

（圖 10）

②重心移至左腿，右腳提起向右前方45度東南方向邁步。腳跟先著地，然後全腳掌落平踏實。右腿屈膝，左腿伸直。右腿80%，左腿20%，重心偏於右腿，成右弓步。同時，右手成劍指內旋向左向上再向前下落指出，朝東南方向，掌心朝左，劍指朝前。肘微屈。左手持劍反握左移，置於身體左側。掌心朝後，劍首朝下，劍尖朝上，劍身垂直於左小臂後側，肘微屈。眼平視右手方向。（圖 11）

③重心左移，身體左轉。兩腿屈膝，左腿 60%，右腿40%，重心偏於左腿。同時，右手成劍指向上向後畫弧，置於臉前，掌心朝內，劍指朝左偏上。屈肘。左手持劍反握隨轉體微後移。肘微屈。眼平視前方。（圖 12）

圖 11　　　　　　　　圖 12

④重心移至右腿，左腳提起經右腳向前正東方向上步。腳前掌著地，腳跟離地。兩腿屈膝，右腿 70%，左腿30%。重心偏於右腿，成左虛步。身體隨上步右轉。同時，右手成劍指內旋下落再外旋向右上舉，然後內旋前落於左手

手背之上，輕握劍柄。左手
持劍，隨上步上舉，然後屈
肘置於臉部前方。掌心朝
右，劍首朝後斜上，劍尖向
前朝下約 45 度。兩臂屈
肘。眼平視前方。（圖13）

〔要求〕：

1. 動作①與動作②，右
手臂畫弧不可停頓。

2. 右手要輕握右手持劍

圖 13

的手背上，無名指與小指握於劍柄上。兩手配合要協調。

3. 上步與兩手相交要同時完成。立身中正。

〔用法〕：

1. 兩人交手對劍，互相行持劍禮。

2. 右手摟抱敵人頭部、左手持劍，以劍首擊敵太陽穴。

第四式　虎抱頭

① 左手持劍反握鬆開，
右手持劍正握向右下落分
開，掌心朝下，劍首朝後，
劍尖朝前，劍身平行於身體
右側。同時，身體微左轉擺
正。左手成劍指向左下落分
開，置於身體左側，掌心朝
下，劍指朝前。兩手臂同
高，兩臂微屈，成弧形。眼
平視前方。（圖14）

圖 14

② 右手持劍，左手成
劍指。兩手臂從兩側外旋向
下，再向內向上合於體前。
兩手掌心均朝上。右手持
劍，劍首向後，劍尖朝前，
劍尖略高於劍首。劍刃朝上
下。眼平視前方。（圖15）

圖 15

〔要求〕：

1. 交接劍要配合得當，
兩肩放鬆。

2. 兩手臂向左右分開要協調，不可有前後，要同時完
成。

〔用法〕：

撥開敵人進攻之劍，內絞，使其脫手。截擊敵手腕或臂
膀，順敵之勁向內絞劍。

第五式　燕子入巢

① 重心移至右腿，左
腿屈膝抬起，大腿成水平，
腳尖自然下垂。重心完全在
右腿上，成左提步。同時，
右手持劍內旋翻掌向前直
刺。掌心朝左，劍首朝後，
劍尖朝前，劍身平行於地
面。左手成劍指內旋，隨刺
劍前移，扶於右掌內側，掌
心朝下，兩肘微屈，眼平視

圖 16

前方。（圖16）

②身體右轉，右手持劍內旋右移置於身體右側，掌心朝下，劍首朝後，劍尖朝前偏下，劍首高於劍尖。肘微屈。左手成劍指內旋屈肘收於體前，左手劍指置於右胸前，掌心朝下，劍指朝右。眼平視前方。（圖17）

③身體左轉，重心左移，左腳左前方45度東北方向落步。腳跟先著地，然後全腳掌落平踏實。左腿屈膝，右腿伸直，左腿80％，右腿20％，重心偏於左腿，成左弓步。同時，右手持劍外旋收於右腰際右側，然後向前45度下方刺出，劍刃成上下，掌心朝右，劍尖朝前下方45度。肘微屈。左手劍指外旋向下往左畫弧，再內旋由左向上，置於頭部左側上方。掌心朝外，劍指朝前偏右。屈肘，臂呈弧形。眼平視劍尖方向偏。（圖18）

圖 17　　　　　　　　　圖 18

〔要求〕：

1. 提膝刺劍要協調，不可有前後。

2. 轉體時要注意掌握平衡。

3.左腳落步方向和刺劍方向各向左右45度，必須要準確。

〔用法〕：

1.絞劍刺敵心窩。

2.假設敵人以劍向我身體刺來，我即以劍格開化去來劍，順勢刺敵下盤。

第三節　6.打草驚蛇　7.指東擊西

第六式　打草驚蛇

①重心右移，身體右轉，重心再移至左腿，左腳以腳跟軸外展，身體左轉，右腳提起跟至左腳內側前方。腳尖著地，腳跟抬起。兩腿屈膝，左腿90％，右腿10％，重心偏於左腿。

同時，右手持劍右手臂外旋，使劍尖在體前畫一圓弧，劍尖朝下收至身體前側偏左。掌心朝外，劍首朝上，劍尖朝下，劍尖斜向左下方。屈肘。左手成劍指下落，左手劍指扶於腕部，掌心朝內，屈肘。眼平視右前方。（圖19）

②重心移至左腿，右腳提起向前方正東方向出步。腳跟先著地，然後全腳掌落平踏實。重心右移，右

圖 19

腿屈膝，左腿伸直，右腿 80％，左腿 20％，重心偏於右
腿。成右弓步。同時，右手持劍內旋成手心朝內，隨弓步向
前方拔出。掌心朝後，劍首朝上偏後，劍尖朝前下方，約
45 度。劍刃朝上。肘微屈。左手成劍指向身體左側分出，
掌心朝後，劍指朝下偏左。肘微屈。眼視劍尖方向平視微朝
下。（圖 20）

圖 20

〔要求〕：

　1.動作一劍尖在體前畫一圓弧要以腰為軸，通過手腕使
劍尖畫弧。

　2.拔劍時弓步蹬腿要同時完成。

〔用法〕：

　1.絞開敵人之刺我下身之劍。順勢割劃敵人腳面。

　2.假設敵人上步刺我身體左下方。我即用劍向左格開敵
劍，反手割劃敵人腳踝關節前部，即腳面與小腿交節處。

第七式　指東擊西

① 重心左移，身體左轉，右腳以腳跟為軸腳尖裡扣。左腳以腳跟為軸外展。左腿屈膝，右腿伸直，左腿80%，右腿20%，重心偏於左腿。同時，右手持劍屈肘外旋收於體前左側偏上。使劍尖由右前方從下向左向上向右畫弧回拉。掌心朝內，劍首朝左偏上，劍尖朝右偏下。劍刃分上下成立劍。屈

圖 21

肘。左手成劍指內旋向上屈肘，左手劍指扶於右手內側。掌心朝外，眼平視劍尖方向。（圖21）

② 重心移至右腿，左腳提起經右腿後側向右前方正東方向插步，腳尖著地，腳跟離地，右腿屈膝，左腿微屈。右腿60%，左腿40%，重心偏於右腿。同時，右手持劍內旋向右正東方向斜下方約45度刺出。掌心朝左，劍首朝內偏上，劍尖朝下45度。劍刃分上下成立劍。肘微屈。左手成劍指內旋向左上移，置於頭部左側上方。掌心朝外。屈肘，臂呈弧形。（圖22）

〔要求〕：

1.動作①右手持劍從下畫弧要自然協調，放鬆手腕，不可硬轉。

2.轉身、插步、刺劍，左手上移要同時完成。協調一致。

圖 22

〔用法〕：

此式為聲東擊西，指左擊右之意圖，右手持劍撥挑敵之來劍，以左手劍指指左上方，以引敵注意力，右手順勢插步刺敵下盤。

第四節　8.風捲荷花　9.臥龍式

第八式　風捲荷花

①身體左轉，面朝正西方向。重心右移，再左移，再右移。左腳腳跟落平踏實，腳尖朝前45度。右腳以腳跟為軸裡扣擺正，落平踏實，腳尖朝前微偏左。右腿屈膝，左腿伸直。右腿65％，左腿35％，重心偏於右腿。

同時，右手持劍手內朝下由體後隨轉體向右向前平移至體前，然後屈肘，手臂外旋。使劍由體後經身體右側移至體前，向左向上畫弧。劍首下偏前45度，劍尖朝上偏後45

度,劍身斜於臉部上方,劍刃分左右,手心朝前偏上,手指鬆握。臂呈弧形。左手成劍指微外旋下落置於右手左側,手心朝下,劍指朝前偏右。上身微後仰大約15度。眼平視前方略偏上。(圖23)

②身體繼續左轉,面朝正東方向。重心右移,右腳以腳跟為軸內扣,腳尖朝前45度。左腳以腳跟為軸外展擺正。腳尖朝前微偏右。左腿彎曲,右腿伸直,左腿80%,右腿20%。重心偏於左腿。同時,右手持劍手臂外旋向右畫弧,隨轉體手心朝上平移置於體前。劍首在後,劍尖朝前微向上。劍刃分左右成平劍。手心朝上,肘微屈。左手成劍指手心朝下向左平移,再移回,劍指扶於右手上。肘微屈,眼平視前。(圖24)

③重心移至左腿,左腿抬起,屈膝腳尖自然向下,大腿成水平,左腳以腳跟為軸,腳尖微外擺,然後左腿直立。重心完全在左腿上,成右提步。

同時,右手持劍,左手成劍指,下落收至腹前。右手手

圖23

圖24

心朝上，左手手心朝下，
左手仍扶於右手上，劍尖
仍朝前微向上。眼平視前
方。（圖25）

　④重心右移，身體左
轉。右腳向前正東方向落
步，腳跟先著地，然後全
腳落平踏實。右腿屈膝，
左腿伸直，右腿80％，左
腿20％，重心偏於右腿。
成右弓步。

圖25

　　同時，右手持劍，手臂外旋前移伸平，使劍向前刺出，
劍首朝後，劍尖朝前，劍刃分上下，成立劍。右手手心朝
左，高與肩平。左手成劍指向左後分出，手心朝左，劍指朝
後偏上偏左。肘微屈。眼平視劍尖方向。（圖26）

圖26

〔要求〕：

1. 轉身要穩，不可忽快忽慢。

2. 刺劍要用內勁刺。與肩同高。

〔用法〕：

撥開敵人刺我上盤之劍，攔腰平掃敵之腰部。順勢刺敵心窩。

第九式　臥龍式

①重心左移，身體左轉。左腿屈膝，右腿伸直。右腳以腳跟為軸，裡扣，腳尖朝左。左腿75％，右腿25％，重心偏於左腿。同時，右手持劍右手臂外旋，向左手心朝上略向上微屈左移，置於身體前方偏左。手心朝上，劍首朝後偏下，劍尖朝前左方偏上。劍刃分左右成平劍。左手成劍指內旋屈肘落於右手上方，手心朝下，劍指扶於劍柄上，臂呈弧形。眼平視劍尖方向。（圖27）

圖27

②重心右移，再左移。身體右轉，再左轉。左腿屈膝，右腿伸直，左腿75％，右腿25％，重心偏於左腿。同時，右手持劍手心朝上向右平移，移至身體右側偏後時，以右手腕部微轉，右手向右再向上下落，使劍在身體右側從右斜向上畫弧，置於身體右側。手心朝左，肘微屈，手指鬆握劍柄。劍首朝下偏前，劍尖朝上偏後，劍身斜立於身體右側。左手劍指隨雲劍下落置於右腹前方。手心朝裡，劍指斜朝

圖 28　　　　　　　　　圖 29

下，屈肘。眼平視劍身方向。（圖 28）

③重心移至右腿，左腳提起經右腿後側向右落步，腳尖著地。兩腿屈膝，右腿在上，左腿在下。右腿 60%，左腿 40%，重心偏於右腿，成歇步。身體微右轉。

同時，右手持劍手臂內旋微向左再向下向右，變手心朝下，劍首朝右，劍尖朝左，橫於身體右側下方。劍刃分前後，成平劍，劍身平行於地面，肘微屈。左手成劍指，經體前微向右手臂內旋，向上再向左置於頭部左上方，臂呈弧形。手心朝外斜上方。劍指朝上偏前。眼平視劍身方向。（圖 29）

〔要求〕：

1.轉身、歇步與截劍時要同時完成，整個動作要沉穩，協調。

2.歇步時上身要正，不可低頭貓腰。

〔用法〕：

敵向我頭部刺來，我化開敵劍，順勢叉步截敵下盤。

第五節　10. 丹鳳朝陽　11. 金雞點頭
　　　　12. 挑簾式

第十式　丹鳳朝陽

①重心移至左腿，左腿直立。右腿屈膝抬起，右腳腳尖朝下，大腿成水平，重心完全在左腿上，成右提步。

同時，右手持劍，右手臂外旋從身體右側偏後上移至體前左上方，手與口鼻同高。使劍向上向右，再由右向下向左上方撩起。手心朝上，劍首朝後偏下，劍尖朝前偏上，劍刃分左右，成平劍。屈肘，臂呈弧形。左手成劍指，手臂微外旋再內旋，微下落置於右手上方。劍指輕扶在右手上，屈肘，臂呈弧形，眼朝劍尖方向平視。（圖30）

②重心右移，身體右轉。左腳向右前方45度東南方向落步，腳跟先著地，然後全腳掌落平踏實。左腿屈膝，左腿伸直，右腿80%，左腿20%，重心偏於右腿。

同時，右手持劍微下落隨轉體向右上方平削。手心朝上與眉同高，劍首朝後偏下，劍尖朝上前偏上，劍刃分左右成平劍。肘微屈。左手成劍指手心朝下，向下偏下分出，左手低於肩，劍指朝左偏後。肘微屈，臂呈弧形。眼朝劍身方向平視。（圖31）

〔要求〕：

1. 以腰帶動兩臂，肩肘要鬆。

2. 眼隨劍的方向平視。

〔用法〕：

敵刺我上部，我避開敵劍，由下擊敵頸部或腋下。

圖30　　　　　　　　　圖31

第十一式　金雞點頭

　　① 重心左移，身體左轉。兩腿微屈膝。重心在兩腿中間。同時，右手持劍，手心仍朝上隨轉體向左微下落，屈肘平抹。手心朝上，劍首朝後，劍尖朝西北方向，劍刃分左右成平劍。左手成劍指隨轉體左移，微屈肘上移。手心朝下，劍指朝西偏北。眼平視前方（圖32）

　　② 重心右移，身體右轉，右腳以腳跟為軸外擺。然後重心移至右腿，左腳提起經右腿前方向前正東方向上步。腳跟著地，腳尖上翹。左腿屈膝，左腿伸直，右腿 85％，左腿 25％，重

圖32

心偏於右腿。

　　同時，右手持劍右手臂內旋翻轉。變手心朝下，然後隨上步由左向前向右平抹，再手臂外旋屈肘上移。手心朝左，劍首朝前偏下，劍尖朝後偏上。劍刃分上下成立劍。左手成劍指隨轉體向右移至體前，手心朝右，劍指朝上偏前約45度，臂呈弧形。眼平視左手劍指方向。（圖33）

圖 33

　　③重心左移，左腳落平踏實，然後重心移至左腿。右腳提起跟至左腳內側，全腳腳掌著地。兩腿均屈膝，重心在兩腿中間。同時，右手持劍從後向前下落，使劍向前下方點擊。手心朝左，劍首朝後偏上，劍尖朝前偏下。劍刃分上下成立劍。左手成劍指微屈肘收於右手內側。手心朝內，劍指朝上偏前。扶於右手腕內側。眼平視前方。（圖34）

　　〔要求〕：

　　1.轉身重心要穩，右手基本上快走一周，左手屈肘再前指。

　　2.點劍時，手臂要靈活，不可僵硬。

〔用法〕：

化開左邊敵劍、橫掃右邊敵人，點敵手腕處。使其受傷倒地。

第十二式　挑簾式

① 重心移至左腿，右腳提起經左腿後側向左腿左側一方撤步。腳尖著地，身體右轉。兩腿屈膝，左腿60%，右腿40%，重心偏於

圖 34

左腿。

同時，右手持劍，手腕放鬆，使劍尖下落翻轉，右手臂外旋，上移偏左，使劍從下向右抬起，手心朝內，劍首朝左，劍尖朝右，劍刃分上下成立劍。平行橫於體前右臂前上方。左手成劍指隨右手而動，臂均呈弧形，眼向劍尖方向平視。（圖35）

② 兩腳不動，身體繼續微右轉。重心仍左腿60%，右腿40%。同時，右手持劍，右手臂內旋下落右移，手心朝下，使劍從右向上向左畫一立圓，劍首朝右，劍尖朝左，劍刃分左右成平劍，劍身平行於地面。兩肘微屈，左手成劍指隨右手而動，劍指扶於右手背上。臂呈弧形。眼平視前方。（圖36）

③ 身體繼續右移，面朝正西方向。右腳以腳尖為軸右轉，腳跟落平踏實。左腳以腳跟為軸右轉至體前。腳尖著地，腳跟抬起。兩腿屈膝，右腿90%，左腿10%，重心偏於右腿。同時，右手持劍隨轉體平行至身體右側，屈肘，使

圖 35　　　　　　　　　圖 36

劍尖成上下平行上抬。置於身體右側上方，高於頭部。手心
朝外，劍首朝後，劍尖朝前正東方向。劍刃分上下成立劍。
左手成劍指隨右手移至身體右側微下落，手心朝外，劍指扶
於右小臂上。屈肘，臂呈弧形。眼朝劍尖方向平視。（圖37）

　　④重心移至右腿，右腿直立。左腿抬起，左腿屈膝，
腳尖自然下垂，大腿平行於地面，成獨立式。同時，右手持
劍微上移。手型不變。左手成劍指由右向前指出，手心朝前
偏右，劍指朝上。臂呈弧形，眼平劍指方向。（圖38）

　　〔要求〕：

　　1.轉體時保持重心穩定。

　　2.右手持劍不要握死，腕部要靈活。

　　3.轉體劍要保持平行於地面，上舉時也是平行的。

　　4.獨立左手前指和劍在一條線上。

　　〔用法〕：

　　敵人用劍刺我下盤，我以劍壓住敵劍，黏於敵劍身上，
以轉體帶敵械脫手，順勢撩擊敵下部或腋下，削敵臂膀。

圖 37

圖 38

第二段

第六節　　13. 烏龍擺尾　　14. 專諸刺仍

第十三式　　烏龍擺尾

　①重心左移，身體左轉。左腳向前正西方向落步。腳跟先著地，然後腳尖外擺落平踏實。兩腿屈膝，右腳腳跟抬起，成交叉步。左腿 60%，右腿 40%，重心偏於左腿。同時，右手持劍向前下落，再收回體前。使劍尖向前再向下向身體左側放平。手心朝內，劍首朝前，劍尖朝後，劍刃成上下，成立劍，劍尖微向上。肘微屈。左手劍指自然下落，置於右腋下，手心朝內，劍指朝右。屈肘，臂呈弧形。眼平視東南方向。（圖 39）

　②重心移至右腿，身體微右轉。右腳提起經左腿內側

圖 39

向前正西方向上步，腳尖著地，腳跟微抬。兩腿屈膝。左腿 70%，右腿 30%。重心偏於左腿。

同時，右手持劍經體前手臂外旋向後再向上畫弧，收置身體右側上方。使劍尖向後向上再向前畫弧前穿。右手手心朝右，劍首朝後，劍尖朝前，劍刃分上下成立劍，劍尖略高於劍首。屈肘。左手成劍指下落移至身體左側，手心朝右，劍指朝下。肘微屈。眼平視劍尖方向。（圖 40）

③ 重心右移，右腳腳跟落平踏實。然後重心移至右腿，左腳提起跟至左腳內側偏前，腳尖著地，腳跟微抬。兩腿屈膝，右腿 90%，左腿 10%，重心偏於右腿。身體右轉

圖 40

再微左轉。同時，右手持劍
向下從身體右側向後，手臂
內旋上移，使劍尖由前向下
經身體右側向後畫弧再上
移。右手手心朝前，劍首朝
後偏下，劍尖朝前偏上。肘
微屈。左手成劍指隨跟步上
移，再收至體前，手心朝
下，劍指朝右。臂呈弧形。
眼平視前方。（圖41）

圖 41

〔要求〕：

1. 左右掛劍與腰為中心，力求連貫協調。

2. 劍身要緊貼身體左右穿掛。

〔用法〕：

左右掛撥敵人之械之用。

第十四式　專諸刺仍

①重心全部移至右腿。左腳提起向前 45 度西南方向邁
步，腳跟先著地，然後全腳掌落平踏實，左腿屈膝，右腿伸
直。左腿 80%，右腿 20%，重心偏於左腿。身體左轉，微
向前傾斜。

同時，右手持劍手心朝外向前 45 度西南方向刺出。右
手手心朝外，劍首朝後偏下，劍尖朝前偏上，劍刃分上下，
成立劍。肘微屈。左手成劍指隨刺劍，劍指扶於右手背上前
移。臂呈弧形。眼平視前方。（圖42）

〔要求〕：

1. 右手反刺劍，同蹬腿要同時完成。

圖 42

2.注意左小腿垂直於地面。

〔用法〕：

順敵人進攻我時，我化開敵劍，敵必回收，我順勢反刺敵人咽喉。

第七節　15.野馬分鬃　16.撩袍端帶 17.雄鷹撲兔

第十五式　野馬分鬃

①重心右移，身體右轉。兩腿屈膝。重心在兩腿中間。同時，右手持劍隨轉體右移微下落。手心朝內，劍首朝下偏右，劍尖朝上偏左。偏身微斜立於 身體右側。肘微屈。左手成劍指微下落，手心朝前，劍指朝上。臂呈弧形。眼朝劍身方向平視。（圖43）

②重心移至左腿，身體左轉。右腳提起跟至左腳內側

偏前。兩腿屈膝。左腿
90%，右腿 10%，重心偏於
左腿。

　　同時，右手持劍由身體
右側向下，經體前手臂外旋
屈肘手心朝外上移身體左側
前方。使劍由身體右側下落
經體前向前撩起。手心朝
右，劍首朝後，劍尖朝前，
劍刃分上下，成立劍。劍尖
略高於劍首。左手成劍指隨

圖 43

跟步外旋微上移置於身體左側上方，劍指略高於頭。臂呈弧
形。眼平視劍尖方向。（圖 44）

　　③重心移至左腿，身體左轉，右腳提起向前 45 度西北
方向邁步，腳跟著地，腳尖上翹。左腿屈膝，右腿伸直，左
腿 90%，右腿 10%，重心偏於左腿。同時，右手持劍向上

圖 44

向後內旋下落，使劍向上向後畫弧。右手手心朝左，劍首朝下偏後，劍尖朝上偏前。劍身成45度斜立於體前。左手成劍指屈肘下落，劍指扶於右手背上。手心朝下。屈肘。眼平視劍身方向。（圖45）

④重心右移，身體右轉。右腳腳尖落平踏實，右腿屈膝，左退伸直，右腿80%，左腿20%，重心偏於右腿。

同時，右手持劍內旋下落向前45度西北方向上移。使劍向下成劍尖朝下移至體前右側。手心朝外偏後，劍首朝上偏後，劍尖朝下偏前。臂呈弧形。左手成劍指扶於右手背上隨推劍前移。臂呈弧形。眼平視前方。（圖46）

⑤重心移至右腿，身體右轉。左腳提起跟至右腳內側偏前。兩腿屈膝。右腿90%，左腿10%，重心偏於右腿。

同時，右手持劍向上畫弧再外旋下落置於身體右側前方。使劍由下向前向上再向後畫弧。右手手心朝上偏左。劍首在後偏下，劍尖在前偏上。劍刃分左右成平劍。臂呈弧形。左手成劍指扶於右手腕部內側。手心朝下，臂呈弧形。

圖 45　　　　　　　　　　圖 46

眼平視劍尖方向。（圖 47）

　　⑥ 重心再移至右腿，身體左轉。左腳提起向左前方 45
度東南方向邁步。腳跟先著地，然後全腳落平踏實，左腿屈
膝，右腿伸直，左腿 80%，右腿 20%，重心偏於左腿。

　　同時，右手持劍下落再向前手心朝外平移。使劍由身體
右側下落，劍尖朝下向前推出。右手手心朝外偏上，劍首朝
上偏後，劍尖朝下偏前。臂呈弧形。左手成劍指外旋上移置
於身體左側上方。手心朝外偏上。劍指朝上偏右。臂呈弧
形。眼平視前方。（圖 48）

圖 47

圖 48

〔要求〕：

1. 左右推劍要以腰帶動兩臂，推劍時身體微前傾。

2. 轉體要協調，劍畫弧時不可停頓。

3. 眼要平視前方，不可低頭貓腰。

4. 推劍時，右手持劍要鬆握。保持手腕的靈活性。

〔用法〕：

敵人連續進攻，我左右閃避其鋒，順勢攔腰斬之。

第十六式　撩袍端帶

　　重心移至左腿，左腿直立。右腿屈膝上提，腳面繃平，自然下垂成獨立式。同時，右手持劍，右手臂內旋向前向右畫弧再外旋，手心朝外向上回抽收至體前。使劍向前向右畫一圓弧再上提收回。右手手心朝外，劍首朝後偏上，劍尖朝下偏下。劍身約45度，劍刃分上下，成立劍。屈肘。左手成劍指下落置於左耳邊。手心朝外，劍指朝劍柄。屈肘。眼平視劍尖方向。（圖49）

圖 49

　　〔要求〕：

　　1. 右手持劍畫弧時一定以腰為中心。

　　2. 持劍回收與提膝要同時完成。

　　3. 肩要放鬆，獨立步要穩，不可左右搖晃。

　　4. 保持立身中正，不可貓腰突臀。

　　〔用法〕：

　　用劍絞敵兵器，回帶，使其托手。

第十七式　雄鷹撲兔

　　重心右移，右腳向右前方西北方向落步，身體微右轉再微左轉。然後重心移至右腿，右腿直立。左腿屈膝上提，腳面繃平，自然下垂，膝蓋朝正南方向。成獨立式。

　　同時，右手持劍向前方45度下方手臂內旋刺出，勁達

劍尖。手心朝左，劍首朝後
偏上 45 度，劍尖朝前偏下
45 度，劍刃分上下成立
劍，劍身為 45 度置於西北
方向。左手成劍指內旋上舉
置於左上方。手心朝後偏
上，劍指朝上偏前。臂呈弧
形。眼向劍尖上方平視。
（圖 50）

圖 50

〔要求〕：

　　1. 劍下刺時，身體微前
傾。但立身要中正，不可低頭貓腰。

　　2. 提膝下刺要協調一致。

〔用法〕：

　　敵人抽劍之時，順勢刺敵膝部。

第十八式　三盤落地

　　右手持劍右手臂外旋向左向上向右畫一小圓，使劍在體
前從左向上向右畫一圓弧。左腳向前下落不著地，然後隨身
體左轉在體前畫弧落於右腿左側正東方向落步，腳尖先著
地，然後全腳落平踏實。兩腿屈膝，重心在兩腿中間，成馬
步。

　　同時，右手持劍手臂外旋從左向上向右畫一圓弧，使劍
前在體前畫一圓弧，然後上移回抽，再手臂內旋下落立於體
前。右手手心朝內，劍首朝下，劍尖朝上。劍身垂直於體前
正中間。左手成劍指隨絞劍外旋下落再上移，然後內旋下
落，置於右手左側，手心朝下偏外。劍指扶於劍柄之上，兩

臂均屈肘。眼平視前方。
（圖51）

〔要求〕：

1.絞劍和左腳下落要協
調配合。

2.馬步身體要正，不可
突臀。

〔用法〕：

1.纏繞敵人進攻我之器
械。

圖 51

2.格開敵人的正面攻擊之兵器。

第八節　第九節　19.隴西四式
（這一動作分爲兩節）

第十九式　隴西四式

①重心移至右腿，右腿直立。身體微右轉。左腿屈膝
提起，腳面繃平，腳尖自然下垂。重心全部在右腿上。

同時，右手持劍手臂外旋向右上方移動。手心朝內偏
上，劍首朝下向左45度，劍尖朝上向左45度，劍刃分左右
成平劍。屈肘。左手隨右手而動，劍指仍扶在劍柄上，眼平
視前方。（圖52）

②重心左移，身體左轉。左腳經右腿內側向後45度西
北方向落步，腳前掌著地，腳跟離地，兩腿屈膝。右腿
90%，左腿10%，重心偏於右腿。

同時，右手持劍微外旋手心朝上向右向後，再內旋向左

圖 52　　　　　　　　圖 53

向前上移。使劍在身體右側上方畫一圓弧，右手手心朝外，劍首朝上偏右 45 度。劍尖朝下偏左 45 度。左手成劍指自然下落，置於左小腹前方。手心朝下，劍指朝右。眼平視前方。（圖 53）

　③重心左移，身體左轉。左腳落平踏實。左腳以腳跟為軸外擺。右腳以腳跟為轉裡扣。左腿屈膝，右腿伸直。左腿 80%，右腿 20%，重心偏於左腿。

　同時，右手持劍手臂外旋隨轉體向前刺出。右手手心朝左，劍首朝後，劍尖朝前，西北方向。劍身平行於地面，劍刃分上下成立劍。手臂伸直。左手成劍指，隨轉體手臂外旋上舉，置於頭部上方偏前。手心朝前，劍指朝右，眼平視劍尖方向。（圖 54）

　④重心右移，身體右轉。右腳以腳跟為軸外擺，左腳以腳跟為軸裡扣。右腿屈膝，左腿伸直。右腿 80%，左腿 20%，重心偏於右腿。

　同時，右手持劍，手臂外旋成手心朝上隨轉體向右偏上

圖 54

圖 55

平抹。使劍由左西北方向移至東南方向。手心朝上，劍首朝後偏下，劍尖朝前偏上。劍刃分左右成平劍。劍尖與頭齊。肘微屈。左手成劍指下落向左分出，肘微屈。手心朝下，劍指朝左。眼平視劍尖方向。（圖 55）

⑤重心移至左腿，左腿直立。身體微左轉。左腿屈膝提起，腳面繃平，重心全部在左腿上。

同時，右手持劍手臂外旋回收至體前，使劍抽回下落。手心朝上，劍首朝上，劍尖朝下。屈肘，塌腕。左手成劍指由左側屈肘右移，置於右手左側，手心朝下，劍指扶於左手上。臂呈弧形。眼平視前方。（圖 56）

⑥重心右移，身體右

圖 56

圖 57

轉。右腳經左腿內側向後 45 度西南方向落步，腳尖先著
地，然後全腳落平踏實。右腳以腳跟為軸外擺，左腳以腳跟
為軸裡扣。右腿屈膝，左腿伸直，右腿 80%，左腿 20%，
重心偏於右腿。

　　同時，右手持劍手臂微外旋下落，再內旋向西南方向刺
出。手心朝左，劍首朝後，劍尖朝前，劍身平行於地面，與
肩同高。左手成劍指從體前外旋上舉，置於頭部前上方。手
心朝前偏上，劍指朝右偏上，臂呈弧形。（圖 57）

　　⑦ 重心左移，身體微後仰，兩腿微屈。左腿 65%，右
腿 35%，重心偏於左腿。

　　同時，右手持劍手臂內旋下落再外旋，使劍由前下落向
左向上畫弧，置於臉前上方。手心朝左偏上。劍首朝前偏下
45 度，劍尖朝後偏上 45 度，劍刃分左右，成平劍。肘微
屈。左手成劍指外旋左移微下落，手心朝左，劍指朝上。臂
呈弧形。眼平視前上方。(圖 58)

　　⑧ 重心不動，身體左轉。左腳以腳跟為軸外擺，右腳

圖 58　　　　　　　　　圖 59

以腳跟為軸裡扣，然後腳跟抬起，腳尖著地。成交叉狀。兩
腿屈膝，左腿 65%，右腿 35%，重心偏於左腿。

　　同時，右手持劍手臂外旋繼續向右畫弧，經體前平移向
身體左側屈肘下落，手心朝上，劍首朝前偏上，劍尖朝後偏
下，劍刃分左右成平劍。臂呈弧形。左手成劍指向左屈肘下
落，再向右移至右上臂右側。手心朝下偏右，劍指朝上偏
右。臂呈弧形。眼平視右前方。（圖 59）

　　⑨重心移至左腿，右腳提起經左腿內側向前方 45 度東
南方向邁步，腳跟先著地，然後全腳掌落平踏實。右腿屈
膝，左腿伸直。右腿 80%，左腿 20%，重心偏於右腿。

　　同時，右手持劍從左下方向右上方平移。使劍由左下方
向右上方，東南方向削劍。右手手心朝上，劍首朝後偏下，
劍尖朝前偏上，劍刃分左右成平劍微傾斜。肘微屈。左手成
劍指向左分出，手心朝下，劍指朝左，略低於左肩。肘微
屈。眼平視劍尖方向。（圖 60）

　　⑩重心左移，身體左轉。右腳以腳跟為軸裡扣，左腳

圖 60　　　　　　　　　圖 61

以腳跟為軸外擺，左腿屈膝，右腿微屈膝。左腿 85%，右
腿 15%，重心偏於左腿。

　　同時，右手持劍由右上方向左下落，然後內旋。使劍由
右向左下方下落然後翻轉，成手心朝內，劍首在上偏右，劍
尖朝下偏左，劍身置於身體左側 45 度。臂呈弧形。左手成
劍指內旋屈肘下落，置於右臂下方。手心朝下，劍指朝右偏
上。臂呈弧形。眼平視東北方向。（圖 61）

　　⑪ 重心移至左腿，身體右轉。右腳提起經左腿內側向
前 45 度東北方向邁步，腳跟先著地，然後全腳掌落平踏
實。右腿屈膝，左腿伸直。右腿 80%，左腿 20%，重心偏
於右腿。

　　同時，右手持劍微內旋向左向上再向前東北方向下落，
與肩同高。使劍由左向上向前劈出。肘微屈。手心朝左，劍
首朝後，劍尖朝前，劍刃分上下成立劍。劍身平行於地面。
左手成劍指下落外旋上移置於身體左側略低於肩，手心朝
右，劍指朝後。肘微屈。眼平視劍尖方向。（圖 62）

圖 62

⑫ 重心移至右腿，身體右轉。左腳提起跟至右腳內側。全腳掌著地。重心左移，右腳以腳跟為軸微外擺。兩腿屈膝，左腿 90%，右腿 10%，重心偏於左腿。

同時，右手持劍屈肘回收右移。使劍向上立起右移。左手成劍指手臂內旋屈肘收於左臂內側。手心朝下，劍指朝右，臂呈弧形。眼平視前方。（圖 63）

〔要求〕：

1. 劍朝 45 度方向刺、削、劈要分明：(1) 西北 (2) 西南 (3) 東南 (4) 東北。

2. 身劍要連貫協調合為一體。

3. 動作⑦，動作⑧的上雲劍要連在一起，不可停頓。

圖 63

4.出腳的方向要準確無誤。

5.以腰帶動四肢，轉身時要保持中心穩定。

〔用法〕：

假設有 4～5 個敵人向我進攻，我的靈活的身法，步法，多變的劍法，分別刺敵心窩。削敵手腕，劈敵臂膀取勝。

第十節　20.獅子搖頭　21.燕子抄水
　　　　22.黃峰入洞

第二十式　獅子搖頭

① 重心移至左腿，右腿屈膝提起，腳尖自然下垂。同時，右手持劍手臂外旋右移，然後再內旋微前移。使劍向右向前下落向後畫弧再向上向前畫弧一周半。

右手手心朝外，劍首朝上偏前，劍尖朝下偏後，劍身斜立於身體右側。左手成劍指隨右手臂移動。兩臂屈肘。眼平視前方。（圖64）

② 重心右移，身體右轉。右腳向後正西方向落步。腳前掌著地，腳跟微抬。左腿屈膝，右腿伸直。左腿 85%，右腿 15%，重心偏於左腿。

同時，右手持劍手臂微外旋向下後移。使劍隨右腿內側向後下移。右手手心朝上，劍首朝後偏上，劍尖朝

圖 64

前偏下。劍刃分左右，成平
劍。手臂擰轉。左手成劍指
微外旋向左上方穿出。肘微
屈。眼平視正南方向。（圖
65）

圖65

　③重心右移，身體右
轉。左腳以腳跟為軸裡扣，
右腳以腳跟為軸外擺擺正，
腳尖微朝內。右腿屈膝，左
腿伸直。右腿80%，左腿
20%，重心偏於右腿。同
時，右手持劍，手臂外旋上移。使劍在身體右側向左向上向
右轉一周，然後向前刺出。手心朝左，劍首朝後，劍尖朝
前，劍刃分上下，成立劍，劍身平行於地面，與肩同高。左
手成劍指內旋微下落，手心朝右，劍指朝後偏上，略高於
肩。眼平視前方。（圖66）

圖66

〔要求〕：

1.劍畫弧時手腕要放鬆，用食指和拇指捏住劍柄。

2.穿劍時和轉體要協調一致。配合一致。

〔用法〕：

化開敵劍，順勢下式穿劍轉身刺敵心窩。

第二十一式　燕子抄水

① 重心左移，身體左轉，左腳以腳跟為軸微外擺。右腳以腳跟為軸微裡扣。左腿屈膝，右腿伸直，左腿80%，右腿20%，重心偏於左腿。

同時，右手持劍手臂外旋向左屈肘平移，置於身體左側，手心朝左偏上，劍首朝左，劍尖朝右，劍身平行於地面，劍刃分左右成平劍。臂呈弧形，左手成劍指內旋屈肘回收置於右手左側。手心朝下，劍指扶於右手上。臂呈弧形。眼平視前方。（圖67）

② 重心左移，左腿屈膝全蹲，右腿微屈下落，左腿90%，右腿10%，重心偏於左腿。

同時，右手持劍手臂外旋右移下落，再左移。俠劍右移平行下落微前穿。右手手心朝外，劍首朝左偏下，劍尖朝右偏上。劍刃分上下，成立劍。臂呈弧形。左手成劍指外旋隨右手下落，手心朝內，劍指朝下，扶於劍柄上。臂仍呈弧形。眼向

圖 67

圖 68

右前方平視。（圖68）

③ 重心右移，身體右轉。右腳以腳跟為軸微外擺，擺正，腳尖微朝內。左腳以腳跟為軸微裡扣。右腿屈膝，左腿伸直。右腿80%，左腿20%，重心偏於右腿。

同時，右手持劍向前向上平移與肩同高。使劍由下向前上穿刺出。與肩同高。右手手心朝左，劍首朝後，劍尖朝前，劍刃分上下成立劍，劍身平行於地面。左手劍指外旋向左分出，手心朝右，劍指朝後偏上。略高於肩。眼平視前方。（圖69）

〔要求〕：

1. 穿劍與弓腿要協調一致。

2. 右手持劍要鬆握，旋轉要放鬆。

圖 69

3. 上挑前穿要緊貼右腿內側。

〔**用法**〕：

1. 用劍上挑敵進攻我上盤時的手腕，使其鬆脫兵器。

2. 貼敵刺我之劍。順步刺敵心窩。

第二十二式　黃蜂入洞

① 重心移至右腿，身體右轉。左腳提起跟至右腳內側偏前，腳尖點地。兩腿屈膝。右腿 90%，左腿 10%，重心偏於右腿。

同時，右手持劍，手臂先外旋向左平移，再內旋向下向右再向上畫一圓弧。置於頭部右側，與頭同高。使劍向左向下向右向上畫一圓弧。右手手心朝外，劍首朝後斜向上。劍尖朝前斜向下，劍刃分上下，成立劍。劍身成 45 度斜於體前。屈肘，臂呈弧形。左手劍指自然下落再內旋屈肘上移，置於右手背處。手心朝外，劍指斜朝上扶於右手背上。臂呈弧形。眼平視前方。（圖 70）

② 重心移至右腿，身體微左轉。左腳提起向前出步，腳跟先著地，然後全腳落平踏實。左腿 80%，右腿 20%，重心偏於左腿。

同時，右手持劍向前下落。使劍由前 45 度向前下方刺出。右手手心仍朝外，劍首朝後斜向上。劍尖朝前斜向下。劍刃分上下，成立劍。劍身成 45 度斜於體前下方。左手成劍指隨右手刺

圖 70

劍而動。手型不變，臂呈弧形。眼平視前方。（圖71）

〔要求〕：

1. 劍畫弧時，劍尖要始終朝前。不可偏離前方。

2. 下刺劍時，斜度要準確，劍尖離地面5毫米左右。

〔用法〕：

黏住敵兵器，用內勁使其脫手，刺敵下盤。

圖71

第三段：

第十一節　23.劈華山　24.懷中抱笏

第二十三式　劈華山

重心右移，身體右轉。右腿屈膝，左腿伸直。右腿80％，左腿20％，重心偏於右腿。成右弓步。同時，右手持劍上舉再隨轉體向身體右側下落。使劍由左向上向右側劈出。右手手心朝左，劍首朝後，劍尖朝前，劍身平行於地面，高於肩齊。左手成劍指向左分出。手心朝右偏前，劍指後偏上，左手劍指高於肩。眼平視劍尖方向。（圖72）

〔要求〕：

1. 翻身劈劍要有力。

2. 翻身要和劍保持一致。

〔用法〕：劈敵臂臍。

圖 72

第二十四式　懷中抱笏

　　重心微右移，再移至左腿。左腿直立，右腿屈膝上提，腳尖自然下垂。重心全部在左腿上。

　　同時，右手持劍手臂內旋再外旋屈肘回收於體前。使劍在前方向左向上再向右下落畫一圓弧，再回抽收於體前。右手手心朝上，劍首朝後偏下。劍尖朝前偏上。劍刃分左右成平劍，臂呈弧形。左手成劍指，內旋前移再外旋屈肘下落置於右手左側，手心朝下，劍指扶於右手上。臂呈弧形。眼平視前方。（圖73）

圖 73

〔要求〕：

1. 提膝帶劍要同時完成，配合協調。

2. 獨立時要穩，不可低頭，眼要平視遠方。

〔用法〕：

1. 用劍刃格開敵刺我心窩之劍。

2. 絞開敵之兵器，斜抹其手腕。

第十二節　25. 黃龍絞水　26. 宿鳥投林

第二十式　黃龍絞水

①重心右移，身體右轉。右腳向後正西方向落步。腳尖先著地，然後全腳落平踏實。左腳以腳跟為軸裡扣，右腳以腳跟為軸外擺，腳尖擺正。右腿屈膝，左腿伸直。右腿75％，左腿25％，重心偏於右腿。

同時，右手持劍，腕部放鬆，手臂外旋再內旋下落移至身體右側。使劍在身體右側偏前向下向後再向上畫一圓弧，然後再向下移至身體右側。右手手心朝右，劍首朝後偏上45度。劍尖朝下45度，劍刃分上下，成立劍。肘微屈。左手成劍指自然下落置於身體左側，手心朝後，劍指朝下偏左。臂呈弧形。眼平視劍尖方向。（圖74）

圖74

②重心移至右腿，身體右轉 180 度。左腳提起向前正西方向上步。腳跟先著地，然後全腳掌落平，再以腳跟為軸裡扣。右腳以腳跟為軸外擺。兩腿屈膝，左腿 65％，右腿 35％，重心偏於左腿。

同時，右手持劍向上隨轉體向身體右側下落。使劍由前向上向右劈出。右手手心朝左，劍首朝下偏後 45 度，劍尖朝上偏前 45 度。劍刃分上下，成立劍，劍身為 45 度斜於身體右側。臂呈弧形。左手成劍指隨轉體屈肘移至體前，手心朝內，劍指朝右。臂呈弧形。眼平視劍尖方向。（圖 75）

③重心左移，身體繼續右轉，面朝正東方向。右腳以腳跟為軸外擺，腳跟著地，腳尖上翹。左腿屈膝，右腿微屈，左腿 65％，右腿 35％，重心偏於左腿。

同時，右手持劍手臂內旋再外旋屈肘回收落於體前小腹前方。使劍在身體右側畫一圓弧再回收體前。右手手心朝上偏內，劍首朝後偏下 45 度，劍尖朝上偏前 45 度。劍刃分左右成平劍，劍身斜於體前 45 度。臂呈弧形。左手成劍指手

圖 75　　　　　圖 76

臂內旋下落置於右手左側，手心朝下，劍指扶於劍柄上。臂
呈弧形。眼平視前方。（圖76）

〔要求〕：

1.劍畫弧時，手腕要放鬆，以食指和拇指抓住劍柄。

2.動作②、③要連貫協調，不可停頓。

〔用法〕：

絞帶敵劍，使之脫手，再翻身絞帶另一敵人之劍。

第二十六式　宿鳥投林

重心移至左腿，右腳抬起，然後重心再右移，右腳向前
正東方向落步，腳跟先著地，然後全腳落平踏實。重心再全
部移至右腿。右腿直立，左腿屈膝上提，腳尖自然下垂，大
腿與地面平行。

同時，右手持劍手臂內
旋向前上方上舉。使劍由體
前向前上方刺出。右手手心
朝左，劍首朝後偏下。劍尖
朝前偏上，劍刃分上下，成
立劍。肘微屈。左手成劍指
手臂外旋隨右手刺劍前移。
手心朝右，劍指仍扶於劍柄
上。肘微屈。眼平視前方。
（圖77）

圖77

〔要求〕：

右腳抬起再向前落步，保持立身中正。

〔用法〕：

格開敵劍，刺敵上部或咽喉。

第十三節　27.陳倉飛渡　28.驚濤駭浪

第二十七式　陳倉飛渡

　　① 重心左移，身體右轉。左腳向前正東方向落步踏實。左腿屈膝，右腿伸直。左腿 90%，右腿 10%，重心偏於左腿。同時，右手持劍手臂內旋右移。使劍由體前向右微上移。右手手心朝外，劍首朝後偏下 45 度，劍尖朝前偏上 45 度。屈肘，臂呈弧形。左手成劍指隨右手而動，劍指扶於右手背上。手心朝下，屈肘，臂呈弧形。眼平視前方。（圖 78）

　　② 重心移至左腿，身體繼續右轉，左腳踏地起跳，右腳提起經右腿前騰空前躍。兩腿在空中微屈膝，重心偏於右腿。同時，右手持劍手臂外旋繼續右移上舉，使劍向右向上移至身體右側上方。右手手心朝左微偏後，劍首朝後偏上，劍尖朝前偏下，劍刃分上下成立

圖 78

劍，臂呈弧形。左手成劍指右移上舉。手心朝右，劍指朝上。臂呈弧形。眼平視前方。（圖 79）

　　③ 重心移至右腿，右腳向前正東方向落步。腳尖先著地，然後全腳落平踏實。右腿直立微屈膝，左腿前移上提，屈膝，腳尖自然下落。重心在右腿上。

圖 79　　　　　　　　　　圖 80

　　同時，右手持劍向右自然下落，使劍向右劍首向下，劍
尖微上移下落，右手手心仍朝左微偏後，劍首朝後偏下，劍
尖朝前偏上。劍刃分上下，成立劍。肘微屈。左手成劍指隨
右手自然下落。手心朝下，劍指朝右，臂呈弧形。眼平視前
方。（圖80）

　　④重心左移，身體左轉。左腳向前正東方向落步，腳
跟先著地，然後全腳落平踏實。左腿屈膝，右腿伸直。左腿
80%，右腿20%，重心偏於左腿。

　　同時，右手持劍手臂外旋再內旋，使劍在身體右側向右
向下，由右臂外側向左再向上畫一圓弧。然後右手持劍下落
至右腰際再向前伸出。使劍由身體右側向前刺出。右手手心
朝左，劍首朝後，劍尖朝前，劍刃分上下成立劍，劍身平行
於地面，與肩同高。左手成劍指下落由體前手臂外旋橫臂上
舉至頭部前上方。手心朝前，劍指朝右，屈肘，臂呈弧形。
眼平視前方。（圖81）

圖 81

〔要求〕：

1.騰空時要輕靈，不可低頭貓腰。

2.上下肢要協調配合。

3.右腳下落，右手持劍手腕要靈活，使劍在身體右側右臂後方畫一圓弧。

〔用法〕：

格開敵人進攻之器械，躍步刺敵心窩。

第二十八式　驚濤駭浪

① 重心右移，身體右轉。兩腿屈膝，重心在兩腿中間。同時，右手持劍手臂內旋向上向後下落，置於身體右側。使劍由前向上向後下落。手心朝左，劍首朝下偏後，劍尖朝上偏前。劍身微斜立於身體右側。左手成劍指向前下落，手心朝前偏下，劍指朝上偏前，兩臂微屈，眼平視劍身方向。（圖82）

② 重心移至左腿，身體左轉180度。左腳以腳跟為軸

圖 82　　　　　　　　　圖 83

外擺，右腳提起向前正東方向上步，腳尖著地，腳跟微離
地。兩腿屈膝。左腿 70%，右腿 30%，重心偏於左腿。

　　同時，右手持劍下落經體前外旋屈肘上撩，臂呈弧形。
手心朝內，劍首朝後，劍尖朝前，劍尖微高於劍首，左手成
劍指隨轉體屈肘移至身體左側，臂呈弧形。手心朝外，劍指
朝上偏右。眼平視劍尖方向。（圖83）

　　③右腳提起向前正東方向出步，身體左轉再右轉。腳
跟先著地，然後全腳掌落平踏實。右腿屈膝，左腿伸直。右
腿 80%，左腿 20%，重心偏於右腿。

　　同時，右手持劍手臂內旋再外旋向上由體前上方隨轉體
向身體右側右移，然後由體前下落，置於體前。使劍由右向
上向左移動再下落向前撩劍。右手手心朝外，劍首朝上偏
前，劍尖朝下偏右，劍身斜於體前。臂呈弧形。左手成劍指
在體前上方扶於右手腕部隨撩劍前移。手心朝下，劍指扶於
右手腕外部。臂呈弧形。眼平視劍首方向。（圖84）

圖84

〔要求〕：

1.左、右撩劍要緊貼身體，身、劍合一。

2.眼隨劍的方向而平視。

〔用法〕：

左、右撩擊敵敵臂膀，截敵手腕之用。

第十四節　29.平旦鳴鐘　30.青龍出水
31.兩劈華山

第二十九式　平旦鳴鐘

重心移至右腿，身體右轉。右腳以腳跟為軸外擺。右腿直立，左腿屈膝上提，腳尖自然下垂。重心全部在右腿上。

同時，右手持劍手臂外旋上舉經臉前向右下落，使劍由體前向上由頭部上方向右下方下落點出。朝西南方向。手心朝左，劍首朝後偏上45度。劍尖朝前偏下45度，劍刃分上

下，成立劍。肘微屈。左手成劍指下落由身體左側外旋再內旋屈肘上舉，置於身體左側上方。手心朝外偏上，劍指朝上偏前。臂呈弧形，眼平視劍尖方向。（圖85）

圖85

〔要求〕：

獨立要穩，左腿膝蓋朝東北方向。

〔用法〕：

點擊敵人手腕或膝關節處。

第三十式　青龍出水

① 重心左移，左腳向後東北方向落步，腳跟著地，腳尖上翹。右腿屈膝，左腿伸直。右腿90%，左腿10%，重心偏於右腿。

同時，右手持劍手臂外旋再內旋微上移。使劍由下向後經由右臂外側再向上畫一圓弧下落。右手手心朝外偏下。劍首朝後偏上45度。劍前朝前偏下45度，劍身斜於體前右側。肘微屈。左手成劍指外旋再內旋向右自然下落再左移，置於體前左前方。手心朝內，劍指朝下，肘微屈。眼平視劍首方向。（圖86）

② 重心左移，身體左轉。左腳腳尖落平踏實，左腿屈膝，右腿伸直，左腿80%，右腿20%，重心偏於左腿。

同時，右手持臂，手臂外旋向下再向上前移，使劍由體前從下向前刺出。右手手心朝上，劍首朝後微向下，劍尖朝

圖 86　　　　　　　　　圖 87

前微向上，劍刃分左右，成平劍，肘微屈。左手成劍指由下
向上舉起。手心朝前，劍指朝右，臂呈弧形，眼平視劍尖方
向。（圖 87）

〔**要求**〕：

刺劍蹬腿要同時完成。

〔**用法**〕：

挑起敵進攻之手臂，刺敵心窩。

第三十一式　兩劈華山

① 重心移至左腿，右腳抬起前移，身體左轉，然後右
腳向左腿右側正東方向落步，腳尖先著地，然後全腳落平踏
實，腳尖外展。左腿屈膝下蹲，左腿伸直下落，左腳腳尖向
前 45 度。右腿 90％，左腿 10％，重心偏重於右腿。

同時，右手持劍右手臂內旋屈肘下落微右移，使劍尖由
前向左再回收向右。右手手心朝外，劍首在右，劍尖在左，
劍身置於體前，劍刃分上下，成立劍，臂呈弧形。左手成劍

指隨右手下落置於右手腕
處，手心朝下偏前，劍指扶
於右手腕背部，臂呈弧形。
眼平視劍尖方向。（圖
88）

②重心微左移，身體
上移右轉。右腳以腳跟為軸
外轉，左腳以腳跟為軸內
轉，右腿屈膝，左腿伸直，
右腿 80%，左腿 20%，重
心偏於右腿。

圖 88

同時，右手持劍向左向上再手臂微外旋向右前方下落，
使劍由體前向左向上向右前方劈出。右手手心朝左，劍首朝
後微偏下，劍尖朝前微偏上，劍刃分上下，成立劍，肘微
屈。左手成劍指下落再由左向上屈肘上舉，手心朝外，劍指
朝上，臂呈弧形，眼平視劍尖方向。（圖 89）

圖 89

③重心左移，身體左轉。左腳以腳跟為軸外轉，右腳以腳尖為軸內轉，腳尖著地，腳跟離地。兩腿屈膝，左腿60%，右腿40%，重心偏於左腿。

同時，右手持劍，手臂外旋向左平移，再內旋移至體前，使劍由前向左平抹，再翻劍置於身體前方偏左，右手手心朝下，劍首朝右偏前，劍尖朝左偏後，臂呈弧形。左手成劍指下落置於右手腕處，手心朝下，劍指扶於右手腕背部，臂呈弧形。眼平視前方。（圖90）

圖90

④重心右移，身體右轉，右腳腳跟落平踏實，再以腳跟為軸外轉，左腳以腳跟為軸內轉，兩腿屈膝，重心在兩腿中間。

同時，右手持劍向上再手臂微外旋下落，使劍由左上舉向右前方劈出。右手手心朝左，劍首朝後微偏下，劍尖朝前微偏上，劍刃分上下，成立劍，肘微屈。左手成劍指下落再由左向上屈肘上舉，手心朝外，劍指朝上，臂呈弧形。眼平視劍尖方向。（圖91）

〔要求〕：

1. 動作①跟步時成獨立步再向右平行落步，協調配合。

2. 兩次劈劍同一方向，勁達劍身。

〔用法〕：

1. 劈敵臂膀。

2. 轉身截敵腕部。

圖 91

第十五節　32. 撥草尋蛇　33. 懸崖勒馬
　　　　　　34. 流星趕月　35. 小魁星

第三十二式　撥草尋蛇

重心移至左腿，身體左轉，右腳提起收至右腳內側，腳尖朝地，腳跟微離地。兩腿屈膝。左腿 90%，右腿 10%，重心偏於左腿。

同時，右手持劍手臂外旋下落經體前左移。使劍由身體右側下落由轉體劍尖朝下向左撥擊。右手手心朝外，劍首朝上偏右，劍尖朝下偏左。屈肘，臂呈弧形。左手成劍指由身體左側屈肘下落，手心朝內，劍指扶於右手腕部。臂呈弧形。眼向劍尖方向平視。（圖 92）

〔要求〕：

撥擊時劍尖不要觸地。

圖 92

〔**用法**〕：

用劍畫敵腳面或踝關節處。

第三十三式　懸崖勒馬

　　重心移至左腿，身體右轉，右腳向東北方向邁步，腳跟先著地，然後全腳掌落平踏實，右腿屈膝，左腿伸直，右腿 80%，左腿 20%，重心偏於右腿。

　　同時，右手持劍手臂內旋向前東北方向搌出。使劍由身體左側劍尖朝下移至前方。以劍柄搌擊，屈肘，臂呈弧形，勁達劍柄。左手成劍指隨上步仍扶於右手腕部。臂呈弧形。（圖93）

圖 93

〔要求〕：

捶出時要發勁。上步與捶擊要同時完成。

〔用法〕：

以劍柄捶擊敵人腹部。

第三十四式　流星趕月

①重心移至右腿，身體右轉。左腳提起經右腿前方向前上步，兩腿屈膝，左腿 60%，右腿 40%，重心偏於左腿。

同時，右手持劍手臂外旋再內旋然後下移。使劍由體前經右臂內側向下向左向上畫一圓弧，再由右臂外側由前向下向後再向上畫一圓弧劍置於體前偏左。右手手心朝內，劍首朝下偏前。劍尖朝上偏後。屈肘，臂呈弧形。左手成劍指扶於右手腕部。臂呈弧形。（圖 94）

②重心移至左腿，身體右轉。右腳提起經左腿後側向後正東方向撤步，腳尖著地，腳跟離地。左腿以腳跟為軸裡扣。兩腿屈膝，左腿 60%，右腿 40%，重心偏於左腿。

同時，右手持劍手臂微內旋下移。使劍由體前偏左移至體前偏右。右手手心朝下，劍首朝前，劍尖朝後，劍刃分左右成平劍。左手成劍指，手心朝下，劍指扶於右手背上。兩臂均屈肘，臂呈弧形。眼平視劍首方向。

圖 94

（圖95）

〔要求〕：

1. 劍在左側畫弧時步法不變，劍在右側畫弧隨上步同時完成。

2. 轉身要重心穩定，不可左歪右斜。

〔用法〕：

1. 用劍反手擊敵上盤。

2. 撩擊敵人手腕，帶壓敵劍回轉。

圖 95

第三十五式　小魁星

重心右移，身體繼續右轉。左腳輕抬再落下，腳尖著地，腳跟離地。兩腿屈膝。右腿 70%，左腿 30%，重心偏於右腿，成左虛步。

同時，右手持劍手臂內旋由體前偏右上舉。使劍由體前上托於身體右側。右手手心朝外，劍首朝後，偏上，劍尖朝前偏下，劍刃分上下成立劍，屈肘，臂呈弧形。左手成劍指由體前向前指出，手心朝前偏下，劍指朝上偏前。屈肘，臂呈弧形。眼平視前方。（圖96）

〔要求〕：

1. 架劍劍身保持一個斜

圖 96

度。

2. 肩要放鬆，不可突臀。

〔用法〕：

上架敵進攻我上盤之器械。

第四段

第十六節　　36.刺破青天　　37.懶龍臥道

第三十六式　刺破青天

①重心微右移，身體右轉。兩腿屈膝，右腿75%，左腿25%，重心偏於右腿。

同時，右手持劍手臂外旋向右後方下移，使劍尖向上向後抬起，右手手心朝左，劍首朝下偏前45度，劍尖朝上偏後45度，劍刃分上下成立劍，肘微屈。左手成劍指隨轉體外旋右移，置於體前，手心朝內，劍指朝右，臂呈弧形。眼平視劍身方向。（圖97）

②重心移至左腿，左腳腳跟落平踏實，身體左轉，左腿直立，右腿屈膝抬起，右腳腳尖朝下，大腿與地面成水平。重心全部在左腿上。

同時，右手持劍手臂外旋再內旋再下落由體前上移。使劍在體側由右臂外側

圖97

畫一立圓再由右臂內側畫一
立圓，然後內旋下落再微外
旋向前上方刺出。右手手心
朝左，劍首朝後偏下 45
度，劍尖朝前偏上 45 度。
劍刃分上下成立劍，臂呈弧
形。左手成劍指前移下落再
上舉置於右手腕內側，手心
朝下，劍指扶於右手腕部，
臂呈弧形。眼平視前方。
（圖 98）

圖 98

　　〔要求〕：
　　上刺劍和提膝要協調一致。
　　〔用法〕：
　　1.挑敵手腕。
　　2.刺敵咽喉。

第三十七式　懶龍臥道

　　① 重心基本不動，右
手持劍手臂外旋向左下落，
使劍由下向下平斬，右手手
心朝上，劍首在後，劍尖朝
前。劍刃分左右成平劍。左
手成劍指隨右手屈肘下落，
兩臂均呈弧形。眼平視前
方。（圖 99）

　　② 重心右移，身體右

圖 99

圖 100

轉。右腳向後正東方向落步，腳尖先著地，然後全腳落平踏
實，右腿屈膝，左腿伸直，右腿 80％，左腿 20％，重心偏
於右腿。

　　同時，右手持劍手臂內旋向右平移，再外旋置於右前
方，使劍由左前方向右平抹至右前方，右手手心朝左，劍首
朝後，劍尖朝前，劍尖分上下成立劍，肘微屈。左手成劍指
向左外旋上移，手心朝外，劍指朝右偏上，臂呈弧形。眼平
視劍尖方向。（圖 100）

　　③重心移至右腿，身體右轉 180 度，左腳經右腿前側
向前正東方向上步，腳尖內扣先落地，然後全腳落平踏實，
右腳以腳跟為軸外轉，腳尖朝前正西方向，兩腿屈膝，右腿
65％，左腿 35％，重心偏於右腿。

　　同時，右手持劍手臂內旋隨轉體右移微下落，使劍由身
體右側橫掃。右手手心朝下，劍首朝後，劍尖朝前，劍尖微
高於劍首，肘微屈。左手成劍指下落收於體前左側，手心朝
下，劍指朝右，臂呈弧形，眼平視前方。（圖 101）

圖 101　　　　　　　　圖 102

④ 重心移至左腿，身體左轉再右轉。右腳提起經左腿右側向後正東方向撤步，腳尖著地，腳跟離地，重心下移，兩腿屈膝下蹲，成交叉狀。左腿 60%，右腿 40%，重心偏於左腿。

同時，右手持劍手臂微內旋內右向上畫弧，然後再微外旋下落，使劍在體前向右向上畫一圓弧下按。右手手心朝下，劍首朝後偏下，劍尖朝前偏上，肘微屈。左手成劍指向左向上再下落畫一圓弧，置於右手腕上方，手心朝下，劍指扶於右手腕上部，肘微屈。眼平視前方。（圖 102）

〔要求〕：

1.轉身撤步，手腳要一致。

2.向下按劍與身體下蹲同時完成。

〔用法〕：

1.橫掃敵腰。

2.絞敵之械。

第十七節　38.青龍出水　39.釣魚式

第三十八式　青龍出水

①重心微右移，身體左轉再右轉。同時，右手持劍微上移，手臂外旋向右畫弧，再下落左移，使劍在體畫一圓弧向左平斬。右手手心朝上，劍首朝後，劍尖朝前，劍刃分左右成平劍，臂呈弧形，左手成劍指隨右手而動，手型不變。眼平視前方。（圖103）

圖103

②重心左移，身體右轉。右腳提起向後右方，東北方向撤步，腳尖先著地，然後全腳落平踏實，隨之重心移至右腿，左腳提起，跟至右腳內側，腳前掌著地，腳跟微離地。兩腿屈膝，右腿90%，左腿10%，重心偏重於右腿。

同時，右手持劍，手臂內旋由下向右側上移，使劍由下向右側撩撥，右手手心朝外，劍首朝上偏後，劍尖朝下偏

前，劍刃分上下成立劍，肘微屈。左手成劍指隨右手移至體前偏右，手心朝內，劍指朝右，臂呈弧形。眼平視劍尖方向。（圖104）

③重心不動，身體左轉。右腳以腳跟為軸內旋，左腳腳跟微高抬，兩腿屈膝，右腿90％，左腿10％，重心偏於右腿。同時，右手持劍，手臂外旋再內旋微下落，使劍在身體右側由下在右臂外側畫一立圓。右手手心朝後，劍首朝上偏後，劍尖朝下偏前45度。肘微屈。左手成劍指由右下落上移，置於體前偏上。手心朝下，劍指朝右，臂呈弧形。眼平視前方。（圖105）

圖104

圖105

④重心移至右腿，身體左轉，左腳提起向前45度西南方向邁步，腳跟先著地，然後全腳落平踏實。左腿屈膝，右腿伸直，左腿80％，右腿20％，重心偏於左腿。

同時，右手臂屈肘外旋下移再向前上移，使劍由身體右側下落向前刺出。右手手心朝上，劍首朝後偏下，劍尖朝前偏上，劍刃分左右成平劍。肘微屈。左手成劍指由體前上

圖 106

舉。手心朝前，劍指朝右偏上，臂呈弧形，眼向劍尖方向平
視。（圖 106）

〔要求〕：

1. 撤步時，左腳要及時跟步。

2. 做剪腕花時，劍要鬆握。

3. 刺劍時後腿要蹬。

4. 注意不要低頭貓腰。

〔用法〕：

1. 撩敵下盤。

2. 截敵手腕。

3. 刺敵咽喉。

第三十九式　釣魚式

①重心移至左腿，身體微左轉再右轉。右腳提起經左
腿內側向前正西方上步。腳尖著地，腳跟離地。兩腿屈膝，
左腿 70%，右腿 30%，重心偏於左腿。

圖 107

　　同時，右手持劍手腕外旋再內旋微下移，使劍下落由右臂外側畫一立圓再向前下方點劍。右手手心朝左，劍首朝上偏後 45 度，劍尖朝下偏前 45 度。劍刃分上下成立劍，肘微屈。左手成劍指由頭部上方下落向左再向上舉起，置於身體左側上方，手心朝外偏上，劍指朝上偏右，臂呈弧形。眼平視前方。（圖 107）

　　〔要求〕：

　　1.劍畫立圓要輕鬆自然。

　　2.下點劍時，右手腕下塌。

　　〔用法〕：

　　1.剪敵手腕。

　　2.點擊敵人跨部或膝蓋。

第十八節　40.七星步　41.蜻蜓點水

第四十式　七星步

①重心左移，右腳提向右前方落步正西方向偏南。腳跟先著地，然後全腳落平踏實。重心在兩腿中間。同時，右手持劍手臂外旋，以腕部為軸向右向上向左，畫一圓弧。使劍在體前順時針畫一圓弧。右手手心朝上，劍首朝後，劍尖朝前，劍刃分左右，成平劍。劍身平行於地面，屈肘，臂呈弧形。左手成劍指微左移，手心朝外，劍指朝前偏上。屈肘，臂呈弧形。眼平視劍尖方向。（圖108）

圖108

②重心移至右腿，身體微右轉。左腳提起向前上步，腳跟先著地，然後全腳掌落平踏實。兩腿屈膝，重心在兩腿中間。

同時，右手持劍，以手腕為軸畫一圓弧，使劍在體前順

時針畫一圓弧。手心朝上，劍首朝後，劍尖朝前，劍刃分左右成平劍。劍身平行於地面。臂呈弧形，左手成劍指隨上步移動，手型不變，臂呈弧形。眼平視前方。（圖109）

圖109

③重心移至左腿，身體微左轉，右腳提起向前上步。腳跟先著地，然後全腳掌落平踏實。兩腿屈膝，重心在兩腿中間。

同時，右手持劍，以手腕為軸畫一圓弧，使劍在體前順時針畫一圓弧。手心朝上，劍首朝後，劍尖朝前，劍刃分左右成平劍。劍身平行於地面。臂呈弧形。左手成劍指隨上步移動，手型不變，臂呈弧形，眼平視前方。（圖110）

④重心移至右腿，身體微右轉。左腳提起向前上步，腳跟先著地，然後全腳掌落平踏實。兩腿屈膝，重心在兩腿中間。

同時，右手持劍，以手腕為軸畫一圓弧，使劍在體前順時針畫一圓弧。手心朝上，劍首朝後，劍尖朝前，劍刃分左右成平劍。劍身平行於地面。臂呈弧形，左手成劍指隨上步

圖 110

移動，手型不變，臂呈弧形。眼平視前方。（圖111）

　　⑤重心移至左腿，身體微左轉，右腳提起向前上步。腳跟先著地，然後全腳掌落平踏實。兩腿屈膝，重心在兩腿中間。

　　同時，右手持劍，以手腕為軸畫一圓弧，使劍在體前順

圖 111

圖 112

時針畫一圓弧。手心朝上，劍首朝後，劍尖朝前，劍刃分左右，成平劍。劍身平行於地面。臂呈弧形。左手成劍指隨上步移動，手型不變，臂呈弧形，眼平視前方。（圖 112）

⑥重心移至右腿，身體微右轉。左腳提起向前上步，腳跟先著地，然後全腳掌落平踏實。兩腿屈膝，重心在兩腿中間。

同時，右手持劍，以手腕為軸畫一圓弧，使劍在體前順時針畫一圓弧。手心朝上，劍首朝後，劍尖朝前，劍刃分左右成平劍。劍身平行於地面。臂呈弧形，左手成劍指隨上步移動，手型不變，臂呈弧形。眼平視前方。（圖 113）

⑦重心移至左腿，身體微左轉，右腳提起向前上步。腳跟先著地，然後全腳掌落平踏實。兩腿屈膝，重心在兩腿中間。

同時，右手持劍，以手腕為軸畫一圓弧，使劍在體前順時針畫一圓弧。手心朝上，劍首朝後，劍尖朝前，劍刃分左右，成平劍。劍身平行於地面。臂呈弧形。左手成劍指隨上

圖 113

步移動，手型不變，臂呈弧形，眼平視前方。（圖 114）

〔要求〕：

1. 絞劍時以腰為中心，帶動手腕為軸。

2. 一步一絞共七次。

3. 勁達劍尖。

圖 114

〔用法〕：

絞脫敵械，外剪傷敵手腕。

第四十一式　蜻蜓點水

① 重心移至右腿，身體右轉。左腳提起跟至右腳內側，腳尖著地，腳跟離地。兩腿屈膝。右腿 90%，左腿 10%，重心偏於右腿。

同時，右手持劍屈肘回收微上移。使劍尖由前向上挑起後移。右手手心朝前微偏上，劍首朝下偏前 45 度，劍尖朝上偏後 45 度。劍刃分上下，成立劍。劍身斜於體前左側 45 度。臂呈弧形。左手成劍指屈肘回收至右手左側。手心朝前偏下。劍指扶於右手上，臂呈弧形。眼平視前方。（圖 115）

圖 115

② 左腳提起向前正西方向出步。腳跟先著地，然後全腳掌落平踏實。身體微左轉擺正前傾。左腿屈膝，右腿伸直。左腿 85%，右腿 15%，重心偏於左腿。

同時，右手持劍直臂向前下方斜落。使劍尖由右上方向前斜點擊，勁達劍尖。右手手心朝上偏左。劍首朝後偏上，劍尖朝前偏下，劍尖離地約 10 公分。左手成劍指，隨出步點劍前移。仍扶於右手腕上。眼平視前方偏下。（圖 116）

〔要求〕：

1.劍向下點擊時，力點要準確。

圖 116

2. 身體前傾時，不可低頭貓腰。同右腿成一直線。

〔用法〕：

上撥敵械，順勢點擊敵腳面或踝關節處。

第十九節　42. 獅子回頭　43. 怪蟒翻身
　　　　　44. 烏龍盤柱

第四十二式　獅子回頭

　　重心右移，身體右轉。右腿屈膝，左腿伸直，右腿80%，左腿20%，重心偏於右腿。

　　同時，右手持劍隨轉體移至身體右上方。使劍由前下方向右上方削劍。右手手心朝左偏上。劍首朝後偏下，劍尖朝前偏上。劍刃分左右，成平劍，微斜。肘微屈。左手成劍指上移置於身體左側，略低於肩，手心朝右，劍指朝後。肘微屈。眼平視劍尖方向。（圖117）

圖 117

〔**要求**〕：

1. 轉身、弓步，削劍要協調一致。

2. 以腰帶動右臂，立身中正。

〔**用法**〕：

削敵手腕成腋下之用。

第四十三式　怪蟒翻身

① 重心移至左腿，身體右轉，左腿直立。右腿屈膝上提，腳尖自然下垂。重心全部在左腿上。

同時，右手持劍外旋再內旋上移，使劍向右向後再向左向前畫一圓弧，置於身體右側上方。右手手心朝外，劍首朝後，劍尖朝前，劍刃分上下，成立劍。左手成劍指屈肘收於體前，手心朝右，劍指朝上。臂呈弧形。眼平視前方。（圖118）

② 重心右移，身體微右轉。右腳向體後正西方向落步，腳尖先著地，然後全腳落平踏實。左腿屈膝，右腿伸

直，左腿 80%，右腿 20%，
重心偏於左腿。身體略前
傾。

圖 118

　　同時，右手持劍隨向後
落步內旋再外旋向前下落後
移。使劍隨下落向後旋轉穿
出。右手手心朝後，劍首朝
上偏身體一側。劍尖朝下偏
右 45 度。劍刃分上下，成
立劍。左手成劍指外旋再內
旋向前偏上穿出。手心朝
右，劍指朝前偏上 45 度。
眼平視劍指方向。（圖
119）

　　③重心右移，身體右轉。右腳以腳跟為軸外擺。左腳
以腳跟為軸裡扣。右腿屈膝，左腿伸直，右腿 80%，左腿

圖 119

圖 120

20%，重心偏於右腿。

同時，右手持劍，手臂外旋隨轉體上移。使劍翻轉向前刺出。右手手心朝左，劍首朝後，劍尖朝前。劍刃分上下，成立劍。劍身平行於地面，高於肩齊。左手成劍指隨身體而動，手型不變。眼平視劍尖方向。（圖120）

〔要求〕：

1. 整個動作要連貫協調。

2. 穿劍時，翻腕轉臂要緊密配合身法。

〔用法〕：

敵抓住我右肩，我順勢撤步解脫敵手，順敵撤步時穿劍刺敵心窩。

第四十四式　烏龍盤柱

① 身體右轉再左轉。同時，右手持劍手臂外旋右移再上移。使劍向右再向上畫弧，右手手心朝內，劍首朝下偏前。劍尖朝上偏後，劍刃朝前後。肘微屈。左手成劍劍下落

置於體前右側下方。手心朝內，劍指朝右。臂呈弧形。眼平視前方。（圖121）

　②重心移至右腿，身體右轉。左腳提起經右腿後側向右偏後落步，腳尖著地，兩腿交叉屈膝。右腿55%。左腿45%。重心略偏於右腿，成歇步。

　同時，右手持劍手臂內旋向前向右下落。使劍向前向右畫弧再向後截劍。右手手心朝下，劍首朝右，劍尖朝左。劍刃分左右成平劍。劍身平行於地面，肘微屈。左手成劍指，由體前內旋上舉移至頭部左側上方。手心朝上偏左，劍指朝上偏右。臂呈弧形。眼平視前方。（圖122）

圖121　　　　　　　　圖122

〔要求〕：

1.截劍與重心下移要協調一致。

2.歇步時，上身要保持中正，不可低頭貓腰。

〔用法〕：

1.裡剪腕，壓敵之械。

2.化開敵械，截敵下盤。

第二十節　45.朝天一柱香　46.白鵝亮翅

第四十五式　朝天一柱香

　　重心移至左腿。身體右轉再左轉。右腳提起向左腳右側正西方向落步。兩腿屈膝，重心在兩腿中間。

　　同時，右手持劍手臂外旋屈肘向體前回收上移。使劍由體側向體前向下向上穿出。右手手心朝內，劍首朝下，劍尖朝上，劍刃分左右，劍身垂直於地面。臂呈弧形。左手成劍指外旋下落屈肘收於右手內側。手心朝內，劍指朝右偏上。臂呈弧形。眼平視前方。（圖123）

　　〔要求〕：

　　弓步要穩，身體略左轉，立身中正。

　　〔用法〕：

　　挑敵下頦之用。

圖 123

第四十六式　白鵝亮翅

　　①重心左移，身體左轉。右腳以腳跟為軸外擺，左腳以腳跟為軸裡扣。左腿屈膝，右腿伸直。左腿80%，右腿20%，重心偏於左腿。

　　同時，右手持劍隨轉體左移至體前。使劍尖由前隨轉體

向左向前下落。右手手心朝左，劍首朝後，劍尖朝前。劍刃分上下成平劍。劍尖略高於劍首。肘微屈。左手成劍指內旋隨轉體置於右手左側。手心朝下，劍指扶右手腕處。肘微屈。眼平視劍尖方向。（圖124）

②重心移至右腿。左腳提起回收半步，腳尖著地，腳跟離地，兩腿屈膝。右腿70%，左腿30%，重心偏於右腿。同時，右手持劍手臂內旋向右平分。置於身體右側。使劍由前向右平斬。右手手心朝下，劍首朝後，劍尖朝前，劍刃分左右成平劍。劍身平行於身體，劍尖略高於劍首。臂呈弧形。左手成劍指向左平移。手心朝下，劍指朝前偏左。臂呈弧形。眼平視前方。（圖125）

圖124　　　　　　圖125

〔要求〕：

1.撤步分劍要同時完成。

2.劍尖不可向左或向右。要直對前方。

〔用法〕：

攔腰斬敵之用。

第二十一節　47.上步七星　48.退步跨虎

第四十七式　上步七星

①重心移至右腿，身體右轉。左腳提向前出半步，腳跟著地，腳尖上翹。右腿屈膝，左腿伸直。右腿 85%，左腿 15%，重心偏於右腿。

同時，右手持劍右移，手臂外旋再內旋置於身體右側。使劍平行向右向後下落，再向後向上畫一圓弧下落。右手手心朝後偏右，劍首朝上偏右約 45 度。劍尖朝下偏前約 45 度。肘微屈。左手成劍指隨轉體手臂外旋下落，置於體前腹部右前方。手心朝下偏內。劍指朝右偏下。臂呈弧形。眼平視前方。（圖 126）

②重心移至左腿，左腳落平踏實。身體左轉。右腳提起向前左腳右側併步，全腳掌著地。兩腿屈膝，重心在兩腿中間。同時，右手持劍由右側外旋屈肘前移，使劍由後向前平刺。右手手心朝左，劍首朝後，劍尖朝前，劍刃分上下，成立劍。臂呈弧形，劍尖略高於劍首。左手成劍指置於右手左

圖 126

側。手心朝右，劍指朝上偏右。臂呈弧形。眼平視前方。（圖 127）

圖 127

〔要求〕：

1. 刺劍同併步同時完成。協調一致。

2. 刺劍時立身要中正，不可前傾。

〔用法〕：

1. 刺敵心窩。

2. 剪敵手腕。

第四十八式　退步跨虎

①重心移至左腿，身體右轉，右腳提起向後正西方向撤步，腳尖先著地，然後全腳落平踏實。重心再移至右腿，左腿回收半步。全腳掌著地。兩腿屈膝，右腿 60%，左腿 40%，重心偏於右腿。

同時，右手持劍手臂內旋向右再外旋，然後內旋畫一圓弧，收於腰際右側。使劍向後畫一立圓回收立於身體右側。右手手心朝內，劍首朝下偏後，劍尖朝上偏前。劍身微前傾立於身體右側。臂呈弧形。左手成劍指，右移畫一小弧然後

下落，置於右手內側。手心
朝內，劍指朝下偏後。臂呈
弧形。眼平視前方。（圖
128）

　　② 重心右移，身體左
轉。左腳腳跟離地，腳尖
著地。兩腿屈膝。右腿
70%，左腿 30%，重心偏
於右腿。同時，右手持
劍，手臂外旋上舉。使劍由
身體右側上刺。右手手心朝
左，劍首朝下，劍尖朝上。
劍身垂直於地面。臂呈弧
形，左手成劍指內旋左移坐
腕，置於身體左側下方。手
心朝下，劍指朝前偏下。肘
微屈。眼平視前方正東方
向。（圖 129）

　　〔要求〕：

　　1. 右手向右後畫弧要以
大臂來繞環。

　　2. 兩肩放鬆、鬆腰跨，
虛步舒展圓活。

　　〔用法〕：

　　剪敵手臂，上挑敵械之用。

圖 128

圖 129

第二十二節　49.迎風彈塵　50.彎弓射虎

第四十九式　迎風彈塵

①重心移至右腿，身體右轉，左腳提起向前正東方向邁半步。腳跟先著地，然後全腳落平踏實。兩腿屈膝。左腿60%，右腿40%，重心偏於左腿。

同時，右手持劍向前下落，手臂內旋，再外旋由下右移。使劍由上向前下落再向後擺起。右手手心朝左。劍首朝下偏前約45度。劍尖朝上偏後約45度。肘微屈。左手成劍指，向前向右畫弧置於體前。手心朝下，劍指朝右，臂呈弧形。眼平視劍身方向。（圖130）

②重心移至左腿，身體左轉。右腳提起向前左腳右側併步。兩腿屈膝，重心在兩腿中間。同時，右手持劍手臂外旋再內旋向上向前再向身體左側下落。使劍向上向前隨轉體向左屈肘下落，置於身體左側前方。右手手心朝內，劍首朝右，劍尖朝左，劍刃分上下成立劍。劍身平行於地面。臂呈

圖 130

弧形。左手成劍指向左外旋，再內旋畫一大弧，落於右手上方。手心朝內，劍指朝右扶於右手上。屈肘，臂呈弧形。眼平視劍尖方向。（圖131）

③重心移至左腿，身體右轉，右腳提起向後 45 度，向西北方向撤步。腳尖先著地，然後全腳落平踏實。右腳屈膝，左腿伸直。右腿 80％，左腿 20％，重心偏於右腿。

同時，右手持劍手臂內旋，再外旋向上向前向右畫一大圓弧，置於身體右側。使劍經左向上向前畫弧，再由前向下經體前下方向左側畫弧。右手手心朝內，劍首朝後偏下。劍尖朝前偏上。臂呈弧形。左手成劍指隨右手移至身體左側，手心朝下，劍指朝右扶於右手上。臂呈弧形。眼平視前方。（圖 132）

圖 131　　　　　　　　　　圖 132

〔要求〕：

1.劍畫弧以腰為軸畫大圈。

2.撤步和劍協調一致。

〔用法〕：

1.防守時畫開敵械。

2.劈敵左、右臂膀之用。

第五十式　彎弓射虎

身體微左轉。右手持劍，手臂內旋向前偏上前移。使劍由身體右側向前45度西南方向刺出。右手手心朝外。劍首朝後偏下，劍尖朝前偏上。劍刃分上下，成立劍。劍尖略高於劍首。臂呈弧形。左手由身體右側向前指出。手心朝前偏下，劍指朝上偏前，高與口齊。臂呈弧形。眼平視劍指方向。（圖133）

圖133

〔要求〕：

1. 刺劍方向一定要準確。
2. 轉體刺劍協調一致。

〔用法〕：

刺敵咽喉之用。

第二十三節　51.鳳凰展翅　52.指南針

第五十一式　鳳凰展翅

① 重心移至右腿，身體左轉。左腳提起向後東方向撤步。腳尖先著地，然後全腳落平踏實。右腿屈膝，左腿微屈，右腿60％，左腿40％，重心偏於右腿。

同時，右手持劍，手臂外旋再內旋在頭部右上方畫一圓弧。使劍由前向左向後向右畫一圓弧。右手手心朝外，劍首朝下偏前，劍刃朝上偏後約45度。肘微屈。左手成劍指外旋再內旋移至身體左側偏上，手心朝外，劍指朝上偏左。臂呈弧形。眼平視前上方。（圖134）

②重心右移再左移，身體左轉再右轉，然後微左轉。右腳以腳跟為轉外擺再裡扣。右腿屈膝，左腿伸直，右腿85％，左腿15％，重心偏於右腿。

同時，右手持劍手臂內旋再外旋，然後內旋左移再右移。使劍先向左橫掃再向右橫掃，置於體後。右手手心朝左，劍首朝後偏上，劍尖朝前偏下，臂呈弧形。左手成劍指外旋再屈肘內旋。然後向前指出。手心朝右，劍指朝前。臂呈弧形。眼平視劍指方向。（圖135）

〔要求〕：

1.轉身掃劍要配合一致。

2.腳步移動要穩。

圖134　　　　　　　　　圖135

〔用法〕：

橫掃左右敵人。

第五十二式　指南針

重心移至右腿，身體左轉。左腳提起經右腿內側向前正南方向上步。然後重心移至左腿。右腳提起向左腳內側併步。兩腿屈膝，重心在兩腿中間。

同時，右手持劍由腰際右側前移。使劍由右側向前刺出。右手手心朝左，劍首朝後，劍尖朝前。劍刃分上下，成立劍，劍身平行於地面。臂呈弧形。左手屈肘收於右臂內側。手心朝右，劍指朝上，臂呈弧形。眼平視前方。（圖 136）

圖 136

〔要求〕：

1. 刺劍立身要中正。勁達劍尖。

2. 並步腳要踏實。全腳著地。

〔用法〕：

刺敵心窩之用。

第二十四節　53.仙人點路　54.收式

第五十三式　仙人點路

①重心移至左腿，身體微右轉。右腳提起向右正西方向橫跨一步。兩腿屈膝。右腿55%，左腿45%，重心偏於右腿。同時，右手持劍，手臂內旋向左下落再向右上移。使劍首向左再由下向右上方撩起。右手手心朝外，劍首朝上偏右，劍尖朝下偏左。臂呈弧形。左手成劍指隨右手向左，再由下向右上移。手心朝右偏下，劍指朝上偏右。臂呈弧形。眼平視前方。（圖137）

②重心微左移，身體微左轉。兩腿屈膝，重心在兩腿中間。同時，右手持劍下落再向上撤手。使劍由右向下向左上方拋劍。左手接劍左手手心朝上再朝右，然後朝下偏右45度。劍首朝上偏右45度。劍尖朝下偏左45度。右手自然下落成劍指置於身體右側，手心朝下偏後，劍指朝下偏前。臂呈弧形，眼平視前方。（圖138、139、140、141、142）

③重心移至右腿，身體右轉。左腳提起跟至右腳內側，腳尖著地，腳跟離地。兩腿屈膝。右腿85%，

圖137

圖 138

圖 139

圖 140

圖 141

左腿 15％，重心偏於右
腿。

　　同時，左手反手持劍屈
肘下落於體前。使劍由上下
落置於體前。左手手心朝
下，劍首朝右，劍尖朝左，
劍刃分左右，成平劍。劍身
平行於地面。臂呈弧形。右
手成劍指由右側上舉。手心
朝前，劍指朝右，臂呈弧
形。眼平視劍指方向。（圖
143）

圖 142

　　④重心移至右腿。身體右轉。左腳提起向前正東方向
落步。腳跟先著地，然後全腳落平踏實。左腿屈膝，右腿伸
直。左腿 80％，右腿 20％，重心偏於左腿。

　　同時，左手反手持劍隨轉體下落，使劍隨轉體左移劍柄
下落。左手手心朝後，
劍首朝下，劍刃朝上。
劍身垂直於地面，貼於
左小臂後側。肘微屈。
右手成劍指內旋屈肘再
向前指出，手心朝前偏
下，劍指朝上偏前。肘
微屈。臂呈弧形，眼平
視前方。（圖 144）

　　〔要求〕：

　　1.拋劍左手接劍要

圖 143

順著劍上移時抓住劍柄。

2.抓劍要準確。

〔**用法**〕：

上刺敵頭部，順勢換手握劍。

圖 144

第五十四式　收式

① 重心移至左腿，身體右轉，右腳提起向後 45 度西北方向撤步，腳尖先著地，然後全腳落平踏實。左腿屈膝，右腿伸直。左腿 80%，右腿 20%，重心偏於左腿。

同時，左手反手持劍由身體左側上舉。左手手心朝外偏下，劍首朝前偏上，劍尖朝後偏下。右手下落屈肘收於體前左胸前。手心朝右偏下。劍指朝上偏右。臂呈弧形。眼平視前方。（圖 145）

② 重心移至右腿，身體微左轉擺正。左腳提起收至右腳左側，約與肩寬。右腳以腳跟為軸微裡扣，身體擺正。兩腿屈膝，重心在兩腿中間。

同時，左手反手持劍微右移，左手手心朝下，劍首朝前，劍尖朝後，劍身平貼於左小臂下方。右手成劍指

圖 145

下落畫弧再上舉至與肩同
高。手心朝下，劍指朝前，
兩臂微屈。眼平視前方。
（圖146）

③兩腳不動，身體直
立。兩臂自然下落，置於
身體兩側。兩手手心均朝
後，左手反手持劍，劍首
朝下，劍尖朝上。右手成
劍指朝下。兩肘微屈。眼
平視前方。（圖147）

圖 146

④重心移至右腿，左腳提起向右腳內側併步站立。兩
腿直立，兩臂自然下垂。眼平視前方。（圖148）

〔要求〕：

1. 撤步時，要方向準確。

2. 全身放鬆，表情自然。

圖 147

圖 148

後　記

　　1996 年 1 月我移居紐西蘭，在武式強身劍的基礎上創編了這套武式太極劍 54 式，並由我的洋學生帝威斯、胸濤、斯代溫幫我拍成了照片，1999 年上半年我利用教拳的空餘時間趕寫了這套劍法的全部文字。

　　1999 年 9 月 1 日我開始了環遊世界，傳播太極的旅程。首先到了澳洲，第 2 站到了台灣的台北市，這次來台的一切講學、授課，都是由逸文出版社劉康毅先生籌辦的，而且取得了圓滿的成功，使武式太極拳原來埋下的一顆種子，開展發芽了。

　　在一片興奮之中，我遞上了這一武式太極劍套路的書稿，大展出版社蔡先生在他書稿早已排滿的情況下，接受了。我非常的感謝蔡先生對武式太極拳的發展與支持，同時又敬佩他這種敬業的精神。

　　《武式太極劍精華》的出版將進一步推廣、發展武式太極拳獲得一個推動作用，如果它能為廣大的太極拳愛好者有一點的助益，也是我最高興的事。同時，在這裡我也要感謝紐西蘭我的洋學生們幫助我拍出這標準的照片。

薛乃印

2001 年 2 月 19 日

薛乃印宗師簡介

　　薛乃印，1954 年出生在中國遼寧省撫順市。1962 年開始習武，先後拜揭子株、段得貴、喬松茂三位師父，學習形意拳、八卦掌、武式太極拳、太極混元功。深得內家拳功之精髓。現任武式太極拳世界聯盟盟主。

　　薛乃印於 1992 年接任武式太極拳第六代掌門傳人，1993 年名列中國十大太極拳名家。次年評定爲國際太極拳名師。先後擔任撫順武式太極拳研究會會長，遼寧省太極拳協會主席，武式太極拳競賽套路副主編。紐西蘭武術太極拳聯盟主席。

　　薛乃印 1975 年起開始任教練，傳授武術。先後擔任撫順市第十三中學，石油二廠中學武術教練。遼寧省太極拳培訓中心總教練，中國武術培訓中心高級教練。培養出市級、省級、國家級冠軍二十七名，亞軍一百一十一人，季軍無數。並培養出國際太極拳及太極推手冠軍兩名，亞軍三名。學生播及中國大陸、香港、台灣、紐西蘭、奧大利亞、日本、美國、加拿大、英國、奧地利、德國、西班牙、馬來西亞、新加坡、韓國達兩萬餘人。

　　薛乃印 1996 年元月移居紐西蘭，現爲紐西蘭公民。1997 年應日本七段空手道高手挑戰獲勝，1999 年的演講會上設擂台連戰五人。同年九月從紐西蘭出發經由奧大利亞、台灣、日本、英國、意大利、奧地利、波蘭、德國、荷蘭、比利時，最後到達美國洛杉磯進行環球世界的表演講座，傳

播武式太極拳。

　　著作有：武式太極拳正宗、武式太極拳·劍、武式太極
　　　　　　拳學、太極拳理論文集、武式太極拳精華、孤
　　　　　　身走我路、佩劍走天涯、遨遊十國歷險行、正
　　　　　　宗武式太極拳。

　　錄影帶有：武式太極拳初級套路、中級套路、高級套路
　　　VCD　　（上、下集）、武式太極劍、武式太極大杆
　　　　　　子、太極拳推手、八卦掌、八卦七星竿。

　　另有：武式太極明珠……薛乃印的故事

　　　　　　　　　　　　　　　　叢人　聞洛編著

小檔案

姓名：薛乃印
星座：金牛座
職業：教練
業餘愛好：寫作
國籍：紐西蘭
出生地：中國遼寧省
最喜歡的顏色：藍色
最喜歡的運動：武術
最喜歡的城市：奧克蘭
最喜歡的食品：海味
最大的缺點：馬虎
最大的優點：重義氣
最大的愛好：周遊世界
最大的願望：出版百部著作
最遠的目標：遨遊 100 個國家

國家圖書館出版品預行編目資料

武式太極劍精華〈54 式〉／薛乃印著
　　——初版，——臺北市，大展，2001〔民 90〕
　　面；21 公分，——（武術特輯；37）
　　ISBN　957-468-082-7（平裝附影音光碟）
　　1. 劍術
528.975　　　　　　　　　　　　　　90008544

武式太極劍精華〈54 式〉+VCD ISBN 957-468-082-7

編 著 者／薛　乃　印
發 行 人／蔡　森　明
出 版 者／大展出版社有限公司
社　　址／台北市北投區（石牌）致遠一路 2 段 12 巷 1 號
電　　話／（02）28236031‧28236033‧28233123
傳　　眞／（02）28272069
郵政劃撥／01669551
E－mail　／dah-jaan @ms 9.tisnet.net.tw
登 記 證／局版臺業字第 2171 號
承 印 者／國順文具印刷行
裝　　訂／嶸興裝訂有限公司
排 版 者／弘益電腦排版有限公司
初版 1 刷／2001 年（民 90 年）8 月
初版發行／2001 年（民 90 年）10 月

定 價／350 元